Alessa Reuter

'ZEKI IS KING'
Wie die mediale Darstellung von Lehrkräften die Legitimationskrise der Schule verstärkt

ibidem-Verlag
Stuttgart

Bibliografische Information der Deutschen Nationalbibliothek
Die Deutsche Nationalbibliothek verzeichnet diese Publikation in der Deutschen Nationalbibliografie; detaillierte bibliografische Daten sind im Internet über http://dnb.d-nb.de abrufbar.

Bibliographic information published by the Deutsche Nationalbibliothek
Die Deutsche Nationalbibliothek lists this publication in the Deutsche Nationalbibliografie; detailed bibliographic data are available in the Internet at http://dnb.d-nb.de.

∞

Gedruckt auf alterungsbeständigem, säurefreien Papier
Printed on acid-free paper

ISBN: 978-3-8382-1240-1

© *ibidem*-Verlag

Stuttgart 2018

Alle Rechte vorbehalten

Das Werk einschließlich aller seiner Teile ist urheberrechtlich geschützt. Jede Verwertung außerhalb der engen Grenzen des Urheberrechtsgesetzes ist ohne Zustimmung des Verlages unzulässig und strafbar. Dies gilt insbesondere für Vervielfältigungen, Übersetzungen, Mikroverfilmungen und elektronische Speicherformen sowie die Einspeicherung und Verarbeitung in elektronischen Systemen.

All rights reserved. No part of this publication may be reproduced, stored in or introduced into a retrieval system, or transmitted, in any form, or by any means (electronical, mechanical, photocopying, recording or otherwise) without the prior written permission of the publisher. Any person who does any unauthorized act in relation to this publication may be liable to criminal prosecution and civil claims for damages.

Printed in the EU

Alessa Reuter

'Zeki is King'
Wie die mediale Darstellung von Lehrkräften die Legitimationskrise der Schule verstärkt

Inhalt

1. Einleitung 7

Teil I: Theorie

2. Die Funktion von Schule in der modernen Gesellschaft 11
2.1. Reproduktionsfunktionen des Schulsystems 13
2.2. Die Institution Schule als Teil des Sozialisationsprozesses .. 16
2.2.1. Verhaltensmuster in Schule und Familie 19
2.2.2. Normen (an-)erkennen 24
2.2.2.1. Diffuse und spezifische Sozialsysteme 24
2.2.2.2. Schule als Modell spezifischer Sozialbeziehungen .. 28
2.3. Die Rolle der Lehrkraft 37
2.3.1. Leidenschaft für das eigene Fach? 37
2.3.2. Autorität 40
2.3.3. Balance zwischen Nähe und Distanz:
Zur Persönlichkeit der Lehrkraft 42
2.3.4. Der Lehr*körper:*
Zur Fremdwahrnehmung der Lehrkraft 46
2.4. Zusammenfassung 49

Teil II: Analyse

3. Darstellung von Lehrerinnen und Lehrern in Film und Literatur 53
    3.1. Methode 55
    3.2. Fack Ju Göthe 56
        3.2.1. Inhalt 56
        3.2.2. Analyse 57
            3.2.2.1. Charakterisierung der Figuren 58
            3.2.2.2. Autoritätsanerkennung und Wahrnehmung der Funktion 67
            3.2.2.3. Transformation der Figuren 87
        3.2.3. Ergebnis 95
    3.3. Der Hals der Giraffe 99
        3.3.1. Inhalt 99
        3.3.2. Analyse 100
            3.3.2.1. Wahrnehmung der eigenen Aufgabe 102
            3.3.2.2. Körper oder Geist? 107
            3.3.2.3. Wertvorstellungen 111
            3.3.2.4. Wandel der Wertvorstellungen? 129
        3.3.3. Ergebnis 135

4. Fazit: Die Darstellung von Lehrerinnen und Lehrern in Roman und Film 137
5. Literaturverzeichnis 143

1. Einleitung

Inhalt dieser Arbeit ist die Frage nach der gesellschaftlichen Wahrnehmung von Lehrerinnen und Lehrern im Vergleich zu ihrer Funktion innerhalb der modernen Gesellschaft. Idee ist es, Lehrerinnen und Lehrer als Figuren in populären Filmen und Romanen zu analysieren und damit Rückschlüsse auf gesellschaftliche Ideal- und Schreckensbilder dieser Berufsgruppe zu ziehen. Obwohl es sich bei den fiktiven Figuren oft um überspitzte Darstellungen oder Karikaturen handelt, können mit ihnen Erwartungen und Abneigungen gegenüber Lehrerinnen und Lehrern nachgezeichnet werden. Welche Charakterisierungen führen zu einer positiven, welche zu einer negativen Wahrnehmung der Figur? Und was sagt das über die Wahrnehmung der Funktion von Lehrerinnen und Lehrern aus?

Fraglich ist insbesondere, inwiefern die Erwartungen an Lehrkräfte[1] überhaupt mit ihrer gesellschaftlichen Funktion vereinbar sind. Grundlage für diesen Vergleich stellt eine Beschäftigung mit strukturtheoretischen Texten zur Funktion der Schule in der modernen Gesellschaft dar. Die Arbeit gliedert sich also in einen theoretischen, erziehungswissenschaftlichen Teil, in welchem die Funktion der Schule in der modernen Gesellschaft herausgearbeitet wird, und eine Figurenanalyse, für die literaturwissenschaftliche Methoden genutzt werden. Grundlage für die Analyse der Rollenförmigkeit der Figuren stellen die *pattern variables* nach Parsons dar. Die in den Werken dargestellten Lehrertypen sollen dann vor dem Hintergrund der gesellschaftlichen Funktion von Schule bewertet werden. Als Werke wurden der Roman *Der Hals der Giraffe* von Judith Schalansky und der Film *FACK JU GÖHTE* ausgewählt.

---

[1] In der vorliegenden Arbeit wird der Gebrauch des generischen Maskulinums vermieden. Lehrerinnen und Lehrer werden daher entweder beide als solche genannt oder aber oftmals zusammenfassend als „Lehrperson" oder „Lehrkraft" bezeichnet. Vereinzelt wird allerdings aus Gründen der Übersichtlichkeit von Lehrer- bzw. Schülerrolle oder der Lehrer-Schüler-Beziehung oder vergleichbaren Bezeichnungen die Rede sein. Diese in der Fachwissenschaft etablierten Ausdrücke schließen die weibliche Form ein. Ebenso dienen Ausdrücke wie ‚Lehrerfigur' und ‚Lehrertyp' der Beschreibung weiblicher und männlicher Lehrkräfte.

Aufgrund ihrer Popularität (es ist gerade der dritte Teil von *FACK JU GÖHTE* erschienen, Schalanskys Roman wurde mit dem Preis der Stiftung Buchkunst ausgezeichnet und wurde von Helen Danner u. a. am Schauspielhaus Hannover erfolgreich inszeniert) erscheinen die Werke für die Analyse im Sinne der Repräsentanz für die öffentliche Wahrnehmung geeignet.

Ziel dieser Arbeit ist es also *nicht*, herauszuarbeiten, was eine ‚gute' oder ‚schlechte' Lehrkraft ausmacht, und damit Lehrerfiguren aus zeitgenössischen Filmen und Romanen zu bewerten, sondern das genaue Gegenteil: Was zeichnet die dargestellten Biographien als Erfolgs- oder Misserfolgsgeschichten aus und was bedeutet dies für die Erwartungen an Lehrkräfte der heutigen Gesellschaft? Können diese Erwartungen unter den institutionellen Gegebenheiten der Schule überhaupt befriedigt werden?

Teil I

Theorie

Zur gesellschaftlichen Funktion von Schule

2. Die Funktion von Schule in der modernen Gesellschaft

> Ich bin fast 18 und hab keine Ahnung von Steuern, Miete oder Versicherungen. Aber ich kann 'ne Gedichtanalyse schreiben. In 4 Sprachen. — Naina (@nainablabla) 10. Januar 2015 [2]

Dies twittert die 17-jährige Schülerin Naina aus Köln Anfang 2015 und löst damit vielfältige Reaktionen aus. Ihr Beitrag wird innerhalb kürzester Zeit 20.000-mal geteilt und stößt eine Debatte über das deutsche Schulsystem an. Sogar die Bundesbildungsministerin äußert sich zu der Diskussion.

Die Kommentare zu Nainas Beitrag zeigen, was die Schule nach Meinung der Diskussionsteilnehmer leisten soll – und diese sind sich keinesfalls einig. Während Naina oft Zuspruch ausgesprochen wird, wird sich auch kritisch geäußert. Die Schule bereite nicht direkt auf das Erwachsenenleben vor, sondern indirekt, indem das Lernen lernen beigebracht würde, heißt es auf der einen Seite. Es wird darauf verwiesen, dass Eltern, Geschwister und ältere Freunde in der Pflicht wären, diese Inhalte zu vermitteln. Andere lehnen diese Delegation an Familie und Freunde ab. Die Schule befähige dazu, sich diese Alltagskompetenzen selbst anzueignen, sagen die Nächsten.

Deutlich wird, dass man sich über die Funktion der Schule unschlüssig ist. Bereitet sie auf das eigenständige, selbstbestimmte Leben vor? Muss sie dafür Verbraucherrecht und das Steuersystem zum Inhalt machen? Qualifiziert die Schule für den späteren Beruf?

Was ist die gesellschaftliche Funktion der Schule?

---

[2] Zitiert nach: Franz Nestler: Naina-Debatte: Wie ein Tweet eine Bildungsdebatte auslösen konnte. In: Frankfurter Allgemeine Zeitung (16.01.2015). http://www.faz.net/aktuell/wirtschaft/netzwirtschaft/naina-debatte-wie-ein-tweet-eine-bildungsdebatte-ausloesen-konnte-13372015.html (05.01.2018).

Dieses Kapitel soll genau dieser Frage nachgehen. Deutlich wird dabei, dass die Antwort vielschichtig ist. Zunächst wird in 2.1 deutlich, dass der Schule **drei Reproduktionsfunktionen** zukommen. Hierzu wird die struktur-funktionale Theorie Fends knapp zusammen gefasst. Ausgehend von Fend wird dann in 2.2 ausführlich Dreebens Theorie der **Schule als sozialisierende gesellschaftliche Institution** erläutert und um Argumente Parsons und Wernets ergänzt. In 2.3 wird sich dann letztendlich den **Lehrkräften** als funktionalem Bestandteil der schulischen Sozialisationsfunktion gewidmet. Hierfür werden einige der in der Fachliteratur diskutierten Aspekte des Lehrberufs thematisiert. Diese sind: Interesse am Fach, Autorität, Nähe und Distanz sowie die Fremdwahrnehmung von Lehrkräften.

2.1. Reproduktionsfunktionen des Schulsystems

Tatsächlich zählt die Qualifikationsfunktion nach dem strukturfunktionalen Ansatz Fends zu einer von drei zentralen Funktionen der Schule in der modernen Gesellschaft. Diese lauten

1. **Qualifikation**
   Die Schule bereitet durch funktionale und extrafunktionale Qualifikation auf das Berufs- und Beschäftigungssystem vor.[3] Funktionale Qualifikationen stellen hierbei fachliche Kenntnisse und technische Fertigkeiten wie rechnen und schreiben dar, während extrafunktionale Fertigkeiten allgemeine Tugenden der Arbeitswelt umfassen (Pünktlichkeit, Leistungsbereitschaft, Ehrgeiz, …).[4]

2. **Selektion und Allokation**
   Der Schule kommt die Funktion zu, die Sozialstruktur der Gesellschaft zu reproduzieren.[5] Der soziale Status hängt von erbachten Leistungen ab: Über die Verteilung auf mit mehr oder weniger hohem Ansehen und finanziellem Wohlstand verbundene Arbeitsplätze (Allokation) entscheiden die schulischen Erfolge (Selektion).[6] Hierbei wird zweifach selektiert: Zunächst durch die Zuweisung zu einer der drei weiterführenden Schulformen und dann durch die Leistungen innerhalb dieser.[7]

3. **Integration und Legitimation**
   Die Schule sichert das politische System, indem sie Werte und Normen der Gesellschaft vermittelt.[8] Die Inhalte des Unterrichts, insbesondere in den Gesellschaftswissenschaften, spiegeln hierbei politische Orientierungen des Staates.[9] Indem Ver-

---

[3] Vgl. Herbert Gudjons: Pädagogisches Grundwissen. Überblick – Kompendium – Studienbuch. 6. durchges. u. ergänzte Aufl. Bad Heilbrunn: Klinkhardt 1999. S. 268.
[4] Vgl. ebd.
[5] Vgl. ebd.
[6] Vgl. ebd.
[7] Vgl. ebd.
[8] Vgl. ebd.
[9] Vgl. ebd.

fassungsnormen, gesellschaftliche Funktionsweisen und Herrschaftsverhältnisse im Unterricht diskutiert werden, werden sie gleichzeitig einer Legitimation unterzogen. [10] Doch auch ohne die direkte inhaltliche Auseinandersetzung werden Werte und Normen der Gesellschaft gefestigt. Dieser Aspekt wird insbesondere von Dreeben thematisiert und in 2.2 detailliert erläutert.

Die folgende Abbildung zeigt die soeben genannten Einflüsse des Schulsystems auf schulexterne Bereiche:

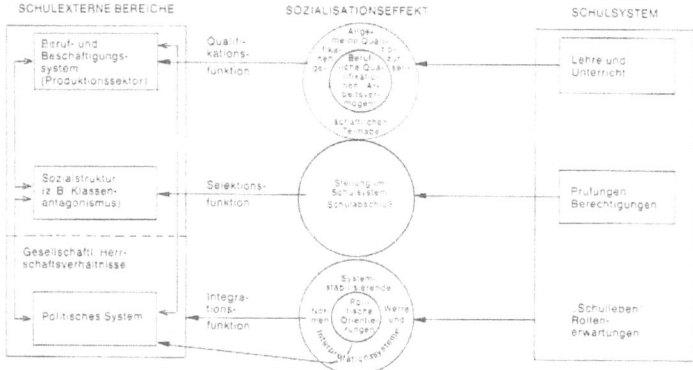

Abbildung 1: Reproduktionsfunktionen des Schulsystems nach Fend[11]

Hinsichtlich der eingangs angeführten Bildungsdebatte um den Tweet der 17-jährigen Naina wird an dieser Stelle deutlich, dass dort die Qualifikationsfunktion der Schule in Frage gestellt wird. Zum Ausdruck kommt die Forderung, die Schule solle inhaltlich auf Verpflichtungen und Aufgaben des Erwachsenendaseins vorbereiten und nicht nur die Kompetenz vermitteln, sich das dafür nötige Wissen selbst anzueignen. Übersehen wird dabei die implizite Vorbereitung insbesondere durch extrafunktionale Kompetenzen, die u. a. dadurch erworben werden, dass die Schülerrolle mit einer Berufsrolle vergleichbar ist: Man muss pünktlich erscheinen, delegierte Aufgaben ausführen, Fremdbestimmung ak-

---

[10] Vgl. ebd.
[11] Helmut Fend: Gesellschaftliche Bedingungen schulischer Sozialisation. Soziologie der Schule I. Weinheim und Basel: Beltz 1974. S. 67.

zeptieren, themengebunden arbeiten, Leistungen erbringen und diese als Bedingung für Anerkennung verstehen. Ohne dieses Etablieren einer allgemeinen Arbeitshaltung wäre der Eintritt in die Arbeitswelt und das Erwachsenendasein kaum denkbar. Die Vorstellung, nach der die Vermittlung lebenspraktischer Inhalte im Fokus schulischer Bildung stehen solle, erscheint darüber hinaus im Sinne der Selektionsfunktion der Schule nicht tragbar. Es ergibt keinen Sinn für die Sozialstruktur einer Gesellschaft, berufliche Positionen danach zu vergeben, wie gut das Verständnis der alltäglichen Anforderungen des Lebens ist. Allokation allein nach Alltagskompetenzen ist für das Produktionssystem nicht nützlich. Die Beiträge zur Bildungsdebatte 2015 zeigen darüber hinaus, dass die Integrations- und Legitimationsfunktion der Schule weitestgehend unerkannt bleibt; dabei scheint gerade diese den Kern der schulischen Sozialisation und damit der Vorbereitung auf das Erwachsenendasein auszumachen: Die Schule lehrt Werte, Normen und Funktionsprinzipien der Gesellschaft – und das überwiegend ohne diese explizit zu thematisieren. Sie fungiert dabei als „Sozialisationsagentur"[12].

---

[12] Robert Dreeben: Was wir in der Schule lernen. Übers. v. Thomas Lindquist. Mit einer Einleitung v. Helmut Fend. Frankfurt a.M.: Suhrkamp 1980 (=Suhrkamp Taschenbuch Wissenschaft 294). S. 5.

2.2. Die Institution Schule als Teil des Sozialisationsprozesses

Robert Dreebens bildungssoziologische Arbeit *Was wir in der Schule lernen* zeigt ebenso wie Fends Überlegungen einen funktionalistischen Ansatz: Ein politisches System im weitesten Sinne, d. h. ein wirtschaftliches System, eine Partei, eine Schule oder auch eine Familie, benötigt zur dauerhaften Aufrechterhaltung seiner Funktionstüchtigkeit eine bestimmte Grundhaltung seiner Mitglieder.[13] Diese Grundhaltung wird nach Dreeben durch Erziehung und Bildung hergestellt.[14] Er bezieht sich damit also insbesondere auf die von Fend formulierte Integrations- und Legitimationsfunktion.

Die Schulbildung eines Individuums muss nach Dreeben allein aus Gründen ihrer Dauer und zeitlichen Rahmung als Teil des Sozialisationsprozesses wirksam werden: Sie beginnt damit, das Individuum im jungen Alter seinem einzigen bisher bekannten sozialen System, der Familie, zu einem Großteil der Woche zu entziehen und in ein alternatives soziales System, die Schule, einzuführen. Zum Abschluss der Schullaufbahn tritt das Individuum dann als Erwachsener hervor, welcher die Grundhaltung eines Mitglieds der Gesellschaft erlernt und verinnerlicht hat.[15] Dreeben führt diesen Lernprozess auf Struktur und Organisation der Schule als Institution zurück.[16] Mit der Charakterisierung der Schule als Institution wird ihre Bedeutung im gesellschaftlichen Kontext hervorgehoben: Eine Institution im Sinne der Soziologie beschreibt

> jegliche Form bewusst gestalteter oder ungeplant entstandener stabiler, dauerhafter Muster menschlicher Beziehungen, die in einer Gesellschaft erzwungen oder durch die allseits als legitim geltenden Ordnungsvorstellungen getragen und tatsächlich ‚gelebt' werden.[17]

---

[13] Vgl. Dreeben: Was wir in der Schule lernen. S. VII.
[14] Vgl. ebd.. S: VIII.
[15] Vgl. ebd. S. 1.
[16] Vgl. ebd. S. 4.
[17] Karl-Heinz Hillmann: Institution. In: Wörterbuch der Soziologie. Hrsg. v. ders. 4. Aufl. Stuttgart: Kröner 1994. S. 373.

Ziel der Schule ist die Formung eines im Sinne der Gesellschaft konstruktiven Habitus, so Dreeben. Er beobachtet folgende Merkmale der Institution Schule:[18]

1. **Schule und Industrie** seien eng verknüpft: Obwohl Erziehung in allen Gesellschaften in dem Sinne auftrete, dass Kinder in ihrer Entwicklung zu Erwachsenen unterstützt werden, sei nur in Industriegesellschaften und industriellen Gebieten die **Trennung von Familie und Schule** als Ort eigener, von aus familiären Verhältnissen bekannter Organisation abweichender, sozialer Interaktion gegeben.
2. Zwar entferne sich das Kind während seiner Beschulung temporär lokal wie sozial von seiner Familie, doch bliebe es nach wie vor Mitglied in diesem System. Es finde keine Entfremdung statt. Im Gegenteil, es werde sogar das **soziale System der Familie reproduziert**, indem mit Übergang ins Erwachsenenalter, in der Regel nach Abschluss der Schulausbildung, eine eigene Familie gegründet werde. Hierzu verlasse die oder der junge Erwachsene ihre bzw. seine Herkunftsfamilie und nehme eine Berufstätigkeit auf. Der durch diese Prozesse markierte „Erwachsenenstatus"[19] werde erst nach Abschluss der Schulausbildung erreicht. Somit könne die Phase der Schullaufbahn als **Durchgangsphase** aufgefasst werden.
3. Neben den sozialen Systemen der Familie und der Schule gebe es vielfältige andere soziale Institutionen (Gleichaltrige, Gruppierungen gemeinsamer Interessen oder Ideale, ...). Die Schule vermittle zwischen privaten und öffentlichen Institutionen und ermögliche so den **Zugang zu zahlreichen sozialen Systemen**.

Die Schule stellt also ein System dar, dessen Ausgangs- und Endpunkt deutlich markiert sind: Sie setzt bei der Herkunftsfamilie an, indem sie diesem bisher einzig bekannten System ein alternatives entgegen setzt, um letztendlich ein Individuum zu entlassen, das im Sinne der industrialisierten Gesellschaft handelt und diese am Leben erhält, indem es eine

---

[18] Vgl. Dreeben: Was wir in der Schule lernen. S. 5.
[19] Ebd.

eigene Familie gründet. Sie ist damit voll und ganz der Aufrechterhaltung einer gesellschaftlichen Ordnung verpflichtet.

> Die Schule ist die organisatorische Verkörperung einer wichtigen sozialen Institution, deren Hauptfunktion es ist, entwicklungsmäßige Veränderungen bei Individuen hervorzubringen. Sie ist eine Sozialisationsagentur, die die Aufgabe hat, psychologische Veränderungen zu bewirken, die den Menschen den Übergang in andere Institutionen ermöglichen; das heißt, jene Fähigkeiten zu entwickeln, die notwendige Voraussetzungen eines angemessenen Verhaltens in sozialen Situationen sind, welche an die Betreffenden verschiedenartige Anforderungen stellen und ihnen verschieden geartete Chancen bieten.[20]

Bevor ein Kind in die Schule kommt, kennt es hauptsächlich soziale Situationen aus dem familialen Kontext. In der Schule wird es dann mit anderen sozialen Situationen konfrontiert, welche wiederum auf soziale Situationen des öffentlichen Lebens eines Erwachsenen vorbereiten, so Dreeben. Hierbei unterscheiden sich die sozialen Situationen in Schule und Familie strukturell: Ein offensichtlicher Unterschied sozialer Situationen der Schule zu denen der Familie liegt bereits in der Größe und Heterogenität bezüglich der sozialen Herkunft bzw. Homogenität bezüglich des Alters der Mitglieder der kleinsten Einheit, stellt Dreeben heraus.[21] Eine Klassengemeinschaft ist in der Regel deutlich größer als die Einheit der Kernfamilie, die Schulgemeinschaft größer als die der weiteren Herkunftsfamilie mit (Ur-) Großeltern, Tanten, Cousinen etc. Auch unterscheide sich die Dauer der Beziehung der Schülerinnen und Schüler zu ihren Lehrerinnen und Lehrern (welche durch die Versetzung oder den sequentiellen Lehrkraftwechsel nach kurzer Zeit unterbrochen oder beendet wird) von der Dauer der Beziehung zwischen Kind und Eltern, welche in der Regel ein Leben lang hält. Es gibt aber auch strukturelle Ähnlichkeiten, wie die Autorität des Erwachsenen in Schule und Familie.[22] In jeder sozialen Situation habe das Individuum die Möglichkeit, auf verschiedene Arten zu agieren. Die Möglichkeiten sind jedoch durch die Situation vorgegeben und beschränkt, bemerkt Dreeben. In der Schule kann das Individuum verschiedene Handlungsalternativen in öffentli-

---

[20] Ebd. S. 5f.
[21] Vgl. ebd.
[22] Vgl. ebd. S. 10-22.

chen sozialen Situationen erproben und daraus – wenn auch nicht zwingend bewusst – auf deren Nutzbarkeit in der jeweiligen sozialen Situation schließen und über die Funktionsweise akzeptierter Handlungsweisen Rückschlüsse ziehen.[23]

2.2.1. Verhaltensmuster in Schule und Familie

> Aber wie wichtig die strukturellen Eigenschaften von Familie und Schule für die Formung der Erfahrungen von Kindern sein mögen, so ist doch das Verhalten der an jeder der beiden Situationen beteiligten Kinder und Erwachsenen gleich wichtig.[24]

Abweichende Verhaltensmuster in Schule und Familie können sich insbesondere im Zusammenhang mit folgenden Tätigkeiten zeigen:[25]

- **Liebe zeigen**
Innerhalb einer Familie verbindet die Mitglieder die gegenseitige Liebe, so Dreeben. Der Umgang miteinander sei in der Regel von Zuneigung, Mitgefühl und gegenseitiger Anerkennung geprägt. Liebe wird innerhalb der Familie auf verschiedene Arten physisch oder verbal ausgedrückt und hält üblicherweise ein Leben lang.[26]
In der Schule hingegen herrsche keine emotionale, sondern eine funktionale Beziehung zwischen den Lehrkräften und den Schülerinnen und Schülern vor. Auch die Schülerinnen und Schüler untereinander haben eine zweckmäßige Bindung; sie wurden nicht aufgrund emotionaler, sondern funktioneller Kriterien wie Alter und Leistung gruppiert, so Dreeben.[27] Zwar entstehen innerhalb einer Klasse Freundschaften und auch Liebesbeziehungen, jedoch stellen diese nicht die Grundlage der Gemeinschaft dar. Von der Klassengemeinschaft wie von den Lehrkräften werden ein freundlicher Umgang und gegenseitige

---

[23] Vgl. ebd. S. 6 f.
[24] Ebd. S. 27.
[25] Vgl. ebd. S. 27-40.
[26] Vgl. ebd. S. 29 f.
[27] Vgl. ebd. S. 30.

Unterstützung gefordert, Liebe hingegen darf nicht Grundlage einer innerschulischen Beziehung sein.

- **Aufgaben verteilen und ausführen**
Auch wenn in unserer heutigen Gesellschaft keine strikten Rollenverteilungen zwischen Mann und Frau gegeben sind, gibt es innerhalb einer Familie eine gewisse Aufgabenverteilung. Diese muss nicht vom Geschlecht ausgehen, sondern kann individuellen Neigungen oder organisatorischen Gegebenheiten entstammen. Parsons geht in seiner *Basic Role-Structure of the Nuclear Family* jedoch davon aus, dass bei der Rollenverteilung in der Kernfamilie nicht nur ein Machtgefälle zwischen Eltern und Kindern besteht, sondern auch eine Unterscheidung durch das soziale Geschlecht gegeben ist: Während Vater/Ehemann und Sohn/Bruder sich eher mit Aufgaben instrumenteller Art befassen, führen Mutter/Ehefrau und Tochter/Schwester eher expressive Aufgaben aus.[28] Festzuhalten sei hierbei die Allianz zwischen den Elternteilen und den Kindern untereinander. Bei mehreren Kindern bestehe darüber hinaus eine Statusdifferenz in Abhängigkeit der Geburtenfolge. Jedes Familienmitglied habe außerdem Doppelrollen inne. Diese sind in der Gründungsfamilie (Vater/Ehemann, Sohn/Bruder usw.) aber auch hinsichtlich der Herkunftsfamilie vorhanden (jeder Vater ist zugleich auch Sohn seiner Herkunftsfamilie), so Parsons.[29] Beide Elternteile, sofern vorhanden, haben laut Dreeben die Aufgabe, ihre Kinder zu erziehen, d. h. sie bei ihrer Entwicklung zum Erwachsenendasein, wie es bereits weiter oben charakterisiert wurde, zu unterstützen. Die Erziehung erfolgt durch vielfältige Aktivitäten, wie die Erläuterung beobachteter Sachverhalte, sanktionieren, tadeln oder die Artikulation eigener Urteile und Gefühle in Bezug auf familiäre und außerfamiliäre Gegebenheiten.[30] Kinder bekommen von ihren Eltern Aufgaben zugeteilt, welche überwiegend das Zusammenleben innerhalb des gemeinsamen

---

[28] Vgl. Talcott Parsons u. Robert Freed Bales: Family Structure and the Socialization of the Child. In: Family, Socialization and Interaction Process. Hrsg. v. dens. London: Routledge & Kegan Paul 1956. S. 35-132. S. 45 f.
[29] Vgl. ebd.
[30] Vgl. Dreeben: Was wir in der Schule lernen. S. 32.

Haushalts betreffen (z.B. Unterstützung beim Kochen, Übernahme der Gartenarbeit, Tischdecken ...).[31]

Auch in der Schule werden Aufgaben von den erwachsenen Lehrkräften an die Schülerinnen und Schüler verteilt. Der Unterschied besteht jedoch darin, dass die Ausführung bzw. das Ergebnis der ausgeführten Aufgabe hinsichtlich ihrer Qualität bewertet werden, bemerkt Dreeben. Hinzu kommt, dass die Leistungen der Schülerinnen und Schüler untereinander verglichen werden.[32] Anders als in der Familie müssen die Aufgaben nicht zwingend zu einem inhaltlichen Ziel führen, sondern können auch lediglich zum Zwecke ihrer Bewertung gestellt werden und somit ausschließlich dem formalen Sinn der Selektion dienen.[33]

- **sanktionieren**

  Die Förderung erwünschter und die Unterdrückung unerwünschter Verhaltensweisen erfolgt laut Dreeben in der Familie wie in der Schule über Belohnung und Bestrafung. Beides setzt eine Überwachung des von den Kindern dargelegten Verhaltens voraus. Grundlage für die durch Belohnung und Bestrafung ausgeführte Formung des Verhaltens der Kinder sei in der Familie die existentielle Abhängigkeit der Kinder von ihren Eltern. Gerahmt werden Belohnungs- und Bestrafungsaktivitäten durch dauerhafte Unterstützung und Zuneigung, welche die Familiengemeinschaft bedeutet.[34] Auch bei einer Bestrafung werde dieses auf Liebe beruhende Verhältnis aufrecht erhalten. Es ist laut Dreeben die Grundlage dafür, dass sich das Kind dem System von Bestrafungs- und Belohnungsaktivitäten unterwirft.

  In der Schule liegt eine solch starke positive emotionale Bindung zwischen sanktionierendem Erwachsenen und Schülerinnen und Schülern nicht vor. Die Grundlage für die Akzeptanz von Bestrafungsmaßnahmen muss also an anderer Stelle liegen. Darüber hinaus kann eine Lehrkraft aufgrund der Menge der zu erziehenden Individuen nicht das Verhalten jedes einzel-

---

[31] Vgl. ebd.
[32] Vgl. ebd. S. 34.
[33] Vgl. ebd.
[34] Vgl. ebd. S. 35.

nen Kindes kontrollieren und dementsprechend mit Bestrafungen oder Belohnungen belegen, so Dreeben.

Sanktionen werden in der Schule neben der Aussprache von Kritik und Lob auf symbolische Art und Weise durch die Vergabe von Noten erteilt.[35] Die Notenvergabe erfüllt dabei drei Funktionen: Die Noten geben den Schülerinnen und Schülern (und ihren Eltern) eine Rückmeldung zu den erbrachten Leistungen. Sie stellen somit eine Beratung über den Umfang einer möglichen Verbesserung dar und sind gleichzeitig transparentes Vergleichswerkzeug.[36] Darüber hinaus erfüllen Noten die pädagogische Funktion, zu besseren Leistungen zu motivieren. Drittens selektieren sie die Schülerinnen und Schüler nach Leistung und bereiten so eine Verteilung auf gesellschaftliche Funktionen vor.[37]

Das formale System der Notenvergabe kann aber das emotionale System der Familie als Grundlage für die Akzeptanz von Sanktionen nicht ersetzen. So müssen die Schülerinnen und Schüler in der Grundschule erst einmal lernen, dass Noten Bestrafungen und Belohnungen bedeuten.[38] Auch in der weiterführenden Schule kann nicht davon ausgegangen werden, dass jede einzelne Schülerin oder jeder einzelne Schüler Sanktionen über sich ergehen lässt. Die Autorität der Lehrkraft ist daher beschränkt. Die Lehrerin bzw. der Lehrer muss sich über die Notenvergabe hinaus die Achtung der Schülerinnen und Schüler beschaffen. Dies kann wiederum nicht nur auf Grundlage formaler Kriterien geschehen, sondern bedarf auch emotionaler Einflussnahme. Dreeben geht davon aus, dass insbesondere aufgrund der Vergleichbarkeit der eigenen Leistungen mit denen der Mitschülerinnen und Mitschüler eine enge Verknüpfung zwischen schulischen Leistungen und der allgemeinen Selbstachtung besteht.

---

[35] Vgl. ebd.
[36] Vgl. ebd.
[37] Georg Brendenstein: Teilnahme am Unterricht. Ethmographische Studien zum Schülerjob. Wiesbaden: VS Verlag für Sozialwissenschaften 2006 (=Studien zur Schul- und Bildungsforschung 24). S. 229.
[38] Vgl. Dreeben: Was wir in der Schule lernen. S. 35.

> Ich bin überzeugt, daß die in der Schule angesprochenen Emotionen aus Vorgängen resultieren, bei denen die Selbstachtung des Schülers entweder gestützt oder bedroht wird, und daß die Schulklasse, indem sie die öffentliche Darstellung und Beurteilung von Leistungen an einem vernünftig festgelegten Bezugsrahmen (altersgemäße Aufgaben) ermöglicht, in der Weise organisiert ist, daß des Schülers Gefühl persönlicher Zulänglichkeit, oder seine Selbstachtung, Ansatzpunkt der Sanktionierung ist.[39]

Auch im schulischen Kontext stellt die Grundlage für die Akzeptanz von Sanktionierungsmaßnahmen also eine emotionale Komponente dar. Die Emotionen betreffen allerdings weniger eine zwischenmenschliche Beziehung als die Wahrnehmung des eigenen Handelns. Das so entworfene Selbstbild entscheidet über die Haltung gegenüber der Institution Schule. Das Verhalten der Lehrkraft, sei es direkte Reaktion auf Handlungen der Schülerinnen und Schüler (Notenvergabe, Tadel, Lob usw.) oder allgemeiner Art (Freundlichkeit, Gehässigkeit, Desinteresse usw.), beeinflusst diese Haltung gegenüber der Schule und damit die Bereitschaft zur Akzeptanz ihrer Normen.[40]

Die Schule bildet also einen Ort von der Familie abweichender organisatorischer Strukturen. Die strukturellen Unterschiede ermöglichen die Erfahrung öffentlicher sozialer Situationen und die Erprobung verschiedener Handlungsalternativen. Schülerinnen und Schüler erlernen so Handlungsprinzipen, welche das gesellschaftliche Zusammenleben regeln. Die auf diese Weise erfahrenen „Prinzipien, Prämissen oder Erwartungen, die zeigen, wie Individuen unter spezifizierbaren Umständen handeln *sollten*"[41] definieren nach Dreeben den Begriff ‚Normen'. Das Erlernen und Annehmen sozialer Normen stellt ein wesentliches Element der Schulausbildung dar.

---

[39] Ebd. S. 40.
[40] Vgl. ebd.
[41] Ebd. S: 44.

2.2.2. Normen (an-)erkennen

> Wenn die Schüler in der Schule sich an Aktivitäten beteiligen, die Erfahrungen vermitteln welche zur Übernahme von Normen führen (wenn sie also den Inhalt der Normen kennenlernen, diese für sich als bindend akzeptieren und in entsprechenden Situationen nach ihnen handeln), so bleibt doch die Frage bestehen: welche Normen?[42]

Bisher wurde erläutert, dass die Schule Raum für die Erprobung von Handlungsalternativen in verschiedenen öffentlichen sozialen Situationen bietet. Aus diesen Handlungsalternativen werden Normen für das gesellschaftliche Zusammenleben erkannt und idealerweise für das eigene Handeln als bindend empfunden. Welche sozialen Situationen eine solche Erprobung ermöglichen und welche Normen dabei erlernt werden, wurde noch nicht spezifiziert. Festgestellt wurde aber, dass die Schule andere soziale Situationen evoziert, als aus der Herkunftsfamilie bekannt sind. In der Schule stellt Liebe keine Handlungsgrundlage dar, das Erfüllen von Aufgaben erfolgt selbstständig und unterliegt einer Bewertung. Sanktionen werden hauptsächlich auf symbolischer Ebene ausgeführt und haben starken Einfluss auf die Selbstwahrnehmung des Individuums. Welche Normen werden also in der Schule gelernt und warum? Welche Rolle spielen die oben genannten abweichenden Verhaltensmuster hierbei?

2.2.2.1. Diffuse und spezifische Sozialsysteme

Parsons stellt in seinem Werk *The Social System* sogenannte *pattern variables* vor, welche die Klassifizierung eines jeden Handlungsaktes ermöglichen sollen. Eine Handlung ist demnach jeweils einer der folgenden kontrastierenden Möglichkeiten zuzuordnen:[43]

---

[42] Ebd. S. 58.
[43] Vgl. Andreas Wernet: Pädagogische Permissivität. Schulische Sozialisation und pädagogisches Handeln jenseits der Professionalisierungsfrage. Obladen: Leske + Budrich 2003. S. 64 f. Die Erläuterungen der Variablenpaare sind angelehnt an Wernets Ausführungen aus der Vorlesung *Schulpädagogische Grundlagen* im Wintersemester 2014/15 an der Leibniz Universität Hannover.

- **Partikularismus oder Universalismus**
  Wird aufgrund individueller Neigungen gehandelt oder unter Berufung auf allgemeine Kriterien? } Wertorientierung

- **ascription oder achievement**
  Wird aufgrund eines zugeschriebenen Status oder aufgrund eines erworbenen Status gehandelt?

- **Diffusität oder Spezifität**
  Werden Themen und Zuständigkeiten durch eine soziale Situation oder Beziehung bestimmt (Spezifität) oder nicht (Diffusität)?

- **Affektivität oder affektive Neutralität (Unabhängigkeit)**
  Beruht eine soziale Beziehung auf Gefühlen („unmittelbare Bedürfnisbefriedigung"[44]) oder ist sie gefühlsunabhängig? („Disziplin"[45])

} motivationale Orientierung

Zwar verweist Parsons auf die freie Kombinationsmöglichkeit der Variablenpaare, jedoch konnte Wernet schlüssig darlegen, dass diese zu Widersprüchen führt und höchstens „als spezifische *Abweichung auf der begrifflichen Folie des Idealtypus*"[46] zu interpretieren ist. Parsons stellt nun fest, dass mit der funktionalen Differenzierung von Familie und Gesellschaft die moderne Gesellschaft eine universalistische, affektiv-

---

[44] Ebd. S. 65.
[45] Ebd.
[46] Ebd. S. 70.

neutrale und spezifische Leistungsorientierung verlangt, während innerhalb der Institution Familie und der traditionalen Gesellschaft ein askriptiver, affektiv-diffuser Partikularismus gefordert wird.[47] In Übereinstimmung mit dieser Klassifizierung formuliert Dreeben seine Überzeugung,

> daß die sozialen Erfahrungen, die den Schülern in der Schule geboten werden, kraft der Natur und Sequenz ihrer strukturellen Arrangements den Kindern Gelegenheit geben, Normen zu lernen, die für verschiedene Bereiche des erwachsenen Lebens in der Öffentlichkeit typisch sind [...]. Die sozialen Eigenschaften der Schule sind so geartet, daß die Schüler, indem sie eine Sequenz von Schulaufgaben und -situationen bewältigen, eher die Prinzipien (d. h. sozialen Normen) der Unabhängigkeit, Leistung, Universalismus und Spezifität lernen, als wenn sie Ganzzeit-Mitglieder der Familie wären.[48]

Jedoch hebt Wernet hervor, dass Dreeben im Gegensatz zu Parsons die Institution Schule nicht als disparates Gegenmodell zur familialen Wertstruktur, sondern als graduelle Variation ebendieser auffasst.[49] Nach Parsons aber ergibt sich die Schule als Gegenwelt zur familialen Wertstruktur:[50]

---

[47] Vgl. Talcott Parsons: The School Class as a Social System: Some of Its Functions in American Society. In: Social Structure and Personality. Hrsg. v. ders. London: Free Press of Glencoe 1964. S. 129-154. S. 133.
[48] Dreeben: Was wir in der Schule lernen. S. 61.
[49] Wernet: Pädagogische Permissivität. S. 93.
[50] Vgl. Andreas Wernet: Pädagogische Permissivität. Schulische Sozialisation und pädagogisches Handeln jenseits der Professionalisierungsfrage. Obladen: Leske + Budrich 2003. S. 93.

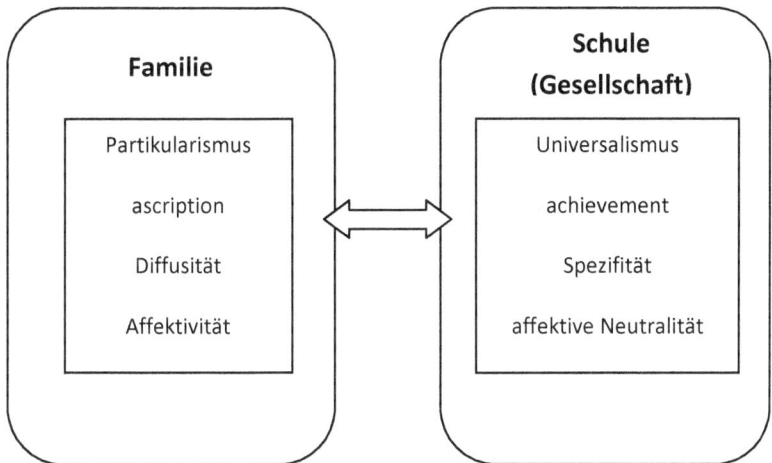

Abbildung 2: Moderne Gesellschaft nach Wernet[51]

Wernet verweist an dieser Stelle auf die begriffliche Analogie zur Gegenüberstellung des Begriffspaares *Familie/Gesellschaft* und verdeutlicht diese Beobachtung anhand der sozialisationstheoretischen Auffassung, die Schule bereite das Individuum auf das Erwachsenendasein vor, welche bereits bei Dreeben formuliert wurde.[52] Dennoch betont Wernet unter Verweis auf Parsons Ausführungen, dass es sich bei der Schule *nicht* um ein Übergangsmodell in dem Sinne handeln könne, dass sie lediglich zwischen Familie und Gesellschaft als konträren sozialen Systemen vermittle. Die Schule wirkt

> nicht als Zwischenwelt, als gleichsam behutsame Vorbereitung auf die Härte dieses Musters, sondern sie erscheint als *gesteigerter oder purifizierter Ausdruck dieses Musters*. […]
>
> An die Stelle des Modells einer Zwischenwelt tritt dann das Modell einer gesteigerten Repräsentation zentraler Prinzipien der modernen Gesellschaft. […] Die sozialisatorische Bedeutung der Schule ist dann darin zu sehen, die gesellschaftliche Gegenthese zur Strukturlogik familialer Interaktion in einem gesteigerten Modell der

---

[51] Vgl. ebd.
[52] Vgl. ebd.

Geltung des universalistischen Leistungsmusters zu repräsentieren.[53]

2.2.2.2. Schule als Modell spezifischer Sozialbeziehungen

Das Erlernen der vier genannten Normen Unabhängigkeit, Leistung, Universalismus und Spezifität als Produkt des Sozialisationsprozesses der Schule wird in der Literatur oftmals in Anlehnung an Dreeben als *hidden curriculum* bezeichnet. Wernet stellt hierzu fest, dass sich der ‚heimliche Lehrplan' dem Bewusstsein der Lehrerinnen und Lehrer entzieht und unabhängig von pädagogischen Handlungsmotiven realisiert wird. Zunächst soll erläutert werden, wie sich die Struktur spezifischer Sozialbeziehungen in der Schule äußert.

Wernet stellt fest, dass sich mit Parsons *pattern variables* schulische Interaktion in zwei Dimensionen gliedern lässt, aufbauend auf

(1) die Leistungsorientierung auf der Folie der Gleichheit der Aufgabenstellung und Gleichheit der Ausgangssituation (Gleichaltrigenklasse) und

(2) auf das Prinzip eines fachdifferenzierten Unterrichts, einhergehend mit dem Prinzip eines fachgeschulten, wechselnden und austauschbaren Personals.[54]

Die erste Dimension beinhaltet die beiden Normen Universalismus und achievement. Beide bestehen nicht getrennt voneinander, sondern sind miteinander verwoben: Leistungsorientierung findet in der Schule auf Grundlage formaler Gleichheit statt.[55] Gleichheit wird zum einen durch Altershomogenität erzeugt. Zu bemerken ist hierbei, dass Parsons das Erfordernis der Altershomogenität nicht auf die Notwendigkeit eines einheitlichen entwicklungs- oder kognitionspsychologischen Standes zurückführt, sondern darin die Gleichheit des sozialen Status der Schülerinnen und Schüler verwirklicht sieht.[56] Wie bereits in 2.1.1. beschrieben, ist das Alter innerhalb der Kernfamilie bedeutend für die innere hierarchische Ordnung. Die durch Parsons *Basic Role-Structure of the Nuclear*

---

[53] Ebd. S. 95-97.
[54] Wernet: Pädagogische Permissivität. S. 88.
[55] Vgl. ebd.
[56] Vgl. ebd.

Family beschriebene Ordnung und die Differenzierung der sozialen Status der einzelnen Familienmitglieder beruht auf den Faktoren Generation und Geschlecht.[57] Der soziale Status ist damit insbesondere an das Alter geknüpft. Altershomogenität erzeugt somit eine Statushomogenität im sozialen Gefüge des Klassenverbandes.[58] Dieser initialen Gleichheit werde wiederum mit Gleichheit im Unterrichtsgeschehen begegnet, indem Aufgaben undifferenziert an die gesamte Klasse gestellt werden. Wernet weist darauf hin, dass dieser Umstand gerade wegen seiner Trivialität hervorzuheben ist.[59] Differenzierung finde innerhalb der Klasse, wenn überhaupt, lediglich aufgrund von Leistungsdifferenz statt. Eine Differenzierung aufgrund persönlicher Neigungen und Fähigkeiten, wie sie in der Familie vorzufinden sei, werde in der Schule nicht praktiziert. Die Leistungen aller Schülerinnen und Schüler einer Klasse werden mit gleichem Maß gemessen. Dass binnendifferenzierter Unterricht in den letzten Jahren immer häufiger thematisiert werde, zeige nur noch einmal, wie undifferenziert Unterricht an sich sei, bemerkt Wernet.[60] Auch die Art und Weise der Leistungsüberprüfung charakterisiere schulische Situationen als achievement-basiert. Leistungen werden nicht wie beispielsweise an der Universität mittels einer Prüfung zum Abschluss einer inhaltlichen oder zeitlich definierten Sequenz abgefragt, sondern kontinuierlich das gesamte Schuljahr über in mehreren Tests oder Klausuren. Diese wiederum bestehen unabhängig voneinander, so dass sich die Schülerinnen und Schüler bei jeder Prüfung erneut beweisen müssen.[61] Das Ergebnis der letzten Leistungskontrolle ist irrelevant für das Resultat der kommenden. Damit muss sich eine Schülerin oder ein Schüler ihren bzw. seinen leistungsbezogenen Status immer wieder erwerben.[62]

Wernets zweite Dimension schulischer Interaktion beschreibt die beiden verbleibenden Normen einer spezifischen Sozialbeziehung: Spezifität und affektive Neutralität. Die strikte Differenzierung einzelner Schulfächer stellt laut Wernet einen Ausdruck von Spezifität dar. Doch nicht nur die fachliche Differenzierung an sich ist für diese Norm relevant, vielmehr führt die Vielzahl der angebotenen Schulfächer sowie ihr

---

[57] Vgl. ebd.
[58] Vgl. ebd. S. 89.
[59] Vgl. ebd. S. 89.
[60] Vgl. ebd.
[61] Vgl. ebd. S. 90.
[62] Vgl. ebd.

Wechsel nach jeder Schulstunde bzw. Doppelstunde dieses Prinzip ins Extrem.[63] Einher mit dem Fachunterricht gehe auch die Existenz von Fachlehrerinnen und -lehrern. Dass Fachlehrerinnen und -lehrer als Experten ihres Fachs bzw. ihrer Fächer eingesetzt und damit unterschiedliche Fächer von unterschiedlichen Personen gelehrt und geprüft werden, verkörpert hierbei nicht nur, dass im Sinne von Spezifität Leistungen gefordert und abgefragt werden, sondern auch noch einmal das universalistische Prinzip.[64] Schließlich hat so jede einzelne Schülerin und jeder einzelne Schüler durch die Vielzahl der Fächer und Lehrkräfte die Möglichkeit, sich aufs Neue auf Grundlage einer einheitlichen Ausgangssituation zu profilieren. Auch der Aspekt des achievements wird hierbei betont. Hinzu kommt, dass die Fachlehrkraft noch stärker in ihrer Funktion als in ihrer Person in Erscheinung tritt, als dies bei fachunabhängigem Unterricht der Fall wäre. Dies führt zu einer unpersönlichen Beziehung zwischen Lehrkraft und Schülerin bzw. Schüler; die einzelne Lehrkraft ist jederzeit und ausdrücklich austauschbar, was die Sozialbeziehung als affektiv-neutral charakterisiert.[65]

Bereits aus dieser Darstellung lässt sich ableiten, dass bestimmte schulische Erfahrungen die Akzeptanz und Verinnerlichung der Normen unserer modernen Gesellschaft bewirken. Die von Wernets Ausführungen zu den zwei Dimensionen schulischer Interaktion genannten Erfahrungen der schulischen Sozialisation lassen sich um weitere Aspekte, welche Dreeben in diesem Zusammenhang nennt, ergänzen. Die jeweiligen Erfahrungen können hierbei mehrere Normen betreffen. Im Folgenden wird der Versuch einer übersichtlichen Zusammenfassung unternommen, welche ohne Anspruch auf Vollständigkeit schulische Erfahrungen und ihre Einflüsse auf die Verinnerlichung der jeweiligen Normen darstellt. Primär betroffene Normen sind hervorgehoben.

---

[63] Vgl. ebd. S. 91.
[64] Vgl. ebd.
[65] Vgl. ebd.

Für die bessere Lesbarkeit werden Schülerinnen und Schüler in der folgenden Tabelle mit ‚SuS' abgekürzt. Ausnahmsweise werden hier auch Literaturangaben in der Form ‚(Verfasser, S. X)' angegeben. Sofern es sich um direkte Zitate handelt, sind diese durch Anführungszeichen gekennzeichnet. Es wird auf die folgende Literatur verwiesen:

Andreas Wernet: Pädagogische Permissivität. Schulische Sozialisation und pädagogisches Handeln jenseits der Professionalisierungsfrage. Obladen: Leske + Budrich 2003.

Robert Dreeben: Was wir in der Schule lernen. Übers. v. Thomas Lindquist. Mit einer Einleitung v. Helmut Fend. Frankfurt a.M.: Suhrkamp 1980 (=Suhrkamp Taschenbuch Wissenschaft 294).

Thomas Wenzl: Elementarstrukturen unterrichtlicher Interaktion. Zum Vermittlungszusammenhang von Sozialisation und Bildung im schulischen Unterricht. Wiesbaden: Springer VS 2014 (= Rekonstruktive Bildungsforschung 3).

pattern variables / Erfahrungen	Universalismus	achievement (Leistung)	Spezifität	affektive Neutralität (Unabhängigkeit)
Altershomogenität	*Homogenität in Hinsicht auf Entwicklung (Dreeben, S. 74) und sozialen Status (Wernet, S. 88), erste Kategorisierungserfahrung: Individualität wird zugunsten einer formalen Einteilung aufgegeben*	gleicher Leistungsstandard für alle SuS	individuelle Eigenschaften werden spezifischen Merkmalen, welche die Schulklasse einen, untergeordnet (Dreeben, S. 82) Gerechtigkeitsempfindungen werden entwickelt (gleicher sozialer Status, ebd.)	gefühlsunabhängige soziale Beziehungen, welche auf spezifischen Merkmalen der Gruppenmitglieder beruhen (siehe Spezifität)
Bearbeitung von Aufgaben	Gleiche oder zumindest vergleichbare Aufgaben für alle	*Abfolge ‚Zuweisung-Ausführung-Bewertung' wird erlernt, Leistungszwang etabliert (Dreeben, S. 67f.)*	Aufgaben verlangen themengebundene Bearbeitung nach erlernten Arbeitstechniken	*„Vorstellung [...], daß andere ein legitimes Recht haben, solch unabhängiges Verhalten [das selbstständige Bearbeiten einer gestellten Aufgabe; Anm. d. V.] unter bestimmten Umständen zu erwarten" (Dreeben, S. 62)*
Undifferenzierte Aufgabenstellungen	Zweite Kategorisierungserfahrung	*gleicher Leistungsstandard und vergleichbare Möglichkeiten für alle*	es zählen nicht individuelle, sondern spezifisch erlernte Fähigkeiten	SuS werden nicht als ganze Person, sondern als Träger der Rolle ‚Schülerin/Schüler' behandelt
Leistungskontrolle und Wettbewerb	alle SuS unterliegen gleichen Prüfungsbedingungen	*Erfolgs- und Misserfolgserfahrungen und damit verbundene emotio-*	themenspezifische Inhalte werden abgefragt	Erbringen unabhängiger (d. h. eigenständiger) Leistungen

32

pattern variables / Erfahrungen	Universalismus	achievement (Leistung)	Spezifität	affektive Neutralität (Unabhängigkeit)
		nale und soziale Konsequenzen (z.B. Angriffe auf die Selbstachtung bei schlechten und Ablehnung innerhalb der Peergroup bei guten Noten) etablieren leistungsorientierte Gesamthaltung (Dreeben, S. 68f.)		(Dreeben, S. 66)
Fachunterricht	(annähernd) gleiche Anforderung in jedem Fach, insbesondere im Kurssystem, bei dem nach Fähigkeiten kategorisiert wurde (Dreeben, S. 75f.)[66] andauernde Variation von Fächern und Lehrpersonal verdeutlicht das Prinzip der Kategorisierung und Universalität der Anforderungen (Dreeben, S. 76)	Leistungsprinzip nicht nur in Erfüllung eines einzelnen Leistungsstandards, sondern in Vielzahl von Situationen (Dreeben, S. 71)	fachliche Differenzierung und mehrfacher Wechsel der Unterrichtsfächer innerhalb eines Schultages verdeutlichen spezifische Inhalte und Fertigkeiten der Fächer (Wernet, S. 91)	Lehrkraft als ‚Expertin/Experte' seines bzw. ihres Fachs lässt diese in ihrer Rolle und nicht als Person im Ganzen erscheinen (Wernet, S. 41)
Fachlehrkraft		Leistungsorientierung unabhängig des Fachs oder der Lehrkraft	fachliche Spezialisierung der Lehrkraft macht diese austauschbar, thematischer Fokus wird weiter eingeengt	Lehrkraft tritt als Funktion und nicht als Person in Erscheinung und ist explizit austauschbar (Wernet, S. 41)
Lehrkraftwechsel	Differenzierung von sozialer Posi-	Leistungsorientierung unabhängig	Spezifische Eigenschaften einer Lehrkraft	

---

[66] Dreeben bezieht sich auf Kurse der high school, diese Differenzierung nach Leistung findet in Deutschland noch ausgeprägter durch das dreigliedrige Schulsystem, Profilwahl und die Wahl von Kursen auf erhöhtem oder grundlegendem Niveau in der Oberstufe statt.

pattern variables / Erfahrungen	Universalismus	achievement (Leistung)	Spezifität	affektive Neutralität (Unabhängigkeit)
	tion und individueller Identität (Dreeben, S. 76)	der Lehrkraft im selben Fach	werden deutlich, soziale Position statt Individualität	
Leistung ohne fremde Hilfe (Täuschungsverbot) und temporäre, lokale Trennung von der Familie	Gerechtigkeit und Fairness innerhalb der Gruppe: jede/jeder hat die gleichen Chancen	individuelle Verantwortung für eigene Leistungen	spezifische, eigene Leistungen werden gefordert, keine Unterstützung von Familie oder Freunden	*SuS sind auf sich allein gestellt und können auf keine Unterstützung, wie sie in der Familie zu erwarten wäre, zurückgreifen, sie agieren somit selbstständig ohne Einfluss von Personen, von welchen sie (emotional und wirtschaftlich) abhängig sind (Dreeben, S. 63)*
Größe der Klasse	*Erfahrung der gemeinsamen sozialen Position („Erfahrung [...], daß gemeinsame Interessen und gemeinsame Bedingungen eine Priorität genießen, welche offenkundige persönliche Unterschiede zudeckt") (Dreeben, S. 76)*	gleiche Leistungsstandards für alle, Transparenz und Vergleichbarkeit der Leistungen, Wettbewerb und eigene Wahrnehmung bezüglich erbrachter Leistungen werden verlangt	eine große Klassengemeinschaft bietet die Möglichkeit für kurzweilige, auch zweckgebundene Beziehungen, in denen nicht die ganze Person, sondern nur einzelne Aspekte der eigenen Individualität gefordert werden (Dreeben, S. 77)	*Abhängigkeitsverhältnis (im Sinne einer emotionalen Beziehung) zur erwachsenen Person (Lehrkraft) wird durch hohe Anzahl der Kinder und Jugendlichen im Vergleich zur einzelnen Lehrkraft erschwert (Dreeben, S. 63)*

pattern variables / Erfahrungen	Universalismus	achievement (Leistung)	Spezifität	affektive Neutralität (Unabhängigkeit)
Meldepflicht	von der Lehrkraft vergebenes Rederecht impliziert Chancengleichheit auf Redebeiträge (es kann sich nicht nur äußern, wer am schnellsten oder lautesten zu Wort kommt)	klassenöffentlicher Leistungsdruck, Bewertung der Wortbeiträge durch die Lehrkraft	Themengebundenheit in der Klassenöffentlichkeit (Wenzl, S. 35	Äußerungen innerhalb der Klassenöffentlichkeit unterliegen eigenem „öffentlichen kommunikativen Modus" (Wenzl, S. 35) und sind somit Ausdruck der Schülerrolle
jährliche Versetzung	*Mitgliedschaft einer Klassenstufe (einer Alterskategorie) bedeutet bestimmte Faktoren (Leistungsanforderungen, Fächerkonstellationen, Lehrkräfte), welche einheitlich sind und mit Übergang in die nächste Kategorie einer transparenten Änderung unterliegen und somit eine Entwicklung nachvollziehbar gestalten (Dreeben, S. 74)*	Leistungsdruck und Belohnung für Anstrengungen des Schuljahres	Jahrgangs- und Gruppenspezifische Inhalte („Das besprecht ihr dann in der 9. Klasse", „Auf erhöhtem Anforderungsniveau besprecht ihr das im Detail",…), Ereignisse (Klassenfahrten, Teilnahme an Wettbewerben,…)	funktionale anstelle emotionaler Sozialbeziehungen
Mitgliedschaftskategorien auf Grundlage formaler Kriterien wie Alter und Leistung	*Kategorisierung etabliert Vorstellung von Vergleichbarkeit und Fairness (Dreeben, S. 71)*	Transparenz des Leistungsstandards		*Akzeptanz, die eigene Individualität zugunsten eines formalen Systems aufzugeben (Dreeben, S. 74)*

Diese Liste kann noch um vielfältige schulische Erfahrungen ergänzt werden. Festzuhalten ist abschließend aber, dass diese Erfahrungen nicht gleichzusetzen sind mit der Akzeptanz der genannten Normen.

> Es gibt keine Garantie dafür, daß Schüler diese vier Normen akzeptieren, einfach weil diese Erfahrungen zugänglich sind; auch sollte man nicht folgern, daß diese Erfahrungen nur zum Lernen der vier hier diskutierten Normen beitragen."[67]

Gefordert wird von den Schülerinnen und Schülern lediglich, die Gültigkeit einer gesellschaftlichen Norm zu identifizieren, verbundene Handlungsalternativen zu erkennen und dann einen Umgang mit der Situation auszuwählen.[68] Lenhardt gliedert die Beziehung zwischen Individuum und gesellschaftlicher Norm daher in Anlehnung an Dreeben in drei Dimensionen:[69]

1. die gesellschaftliche Geltung einer Norm
2. die spezifischen Formen subjektiver Anerkennung
3. das tatsächliche Verhalten

Die von Dreeben formulierte Verinnerlichung der vier Normen Unabhängigkeit, Leistung, Universalismus und Spezifität als Ziel schulischer Bildung charakterisiere die Schule als gesellschaftliche Institution daher nur ungenügend, so Lenhardt.[70] Offen bliebe hierbei nämlich, die individuelle subjektive Positionierung zu den genannten Normen; das System erfasse nicht „entscheidende schulorganisatorische Bedingungen [...], die für das Verhältnis zwischen Schule und Jugendlichen konstitutiv sind."[71] So können die genannten Normen nicht nur die Autonomie der Schülerinnen und Schüler fördern, sondern auch als restriktiv erfahren und rein äußerlich gewahrt werden.[72]

---

[67] Dreeben: Was wir in der Schule lernen. S. 83.
[68] Vgl. ebd. S. 6.
[69] Vgl. Gero Lenhardt: Schule und bürokratische Rationalität. Frankfurt a.M.: Suhrkamp 1984 (=Suhrkamp Taschenbuch Wissenschaft 466). S. 31.
[70] Vgl. ebd. S. 184.
[71] Ebd.
[72] Vgl. ebd. S. 186.

2.3. Die Rolle der Lehrkraft

Bisher wurde die Institution Schule als Instrument der Sozialisation im Sinne der modernen Gesellschaft betrachtet. Vernachlässigt wurde hierbei jedoch die Rolle der Lehrkraft innerhalb dieses Systems. Es drängt sich eine Vermutung auf: Unabhängig der fachlichen wie didaktischen Kompetenz der Lehrperson werden die sozialisatorischen Ziele der Schule allein aus den institutionellen Rahmenbedingungen heraus verwirklicht. Welche Rolle spielt dann noch die Lehrkraft? Im Folgenden sollen daher Inhalte der Lehrerrolle untersucht werden, welche vielfach in der Fachliteratur besprochen werden. Hierbei kann es sich aufgrund der Fülle der möglichen Themen nur um eine Auswahl häufig thematisierter Inhalte handeln, welche in Hinblick auf die folgende Analyse von Lehrerfiguren in Roman und Film sinnvoll erscheinen. Die Ausführungen beschränken sich dabei auf eine knappe Darstellung; die Themen können im Rahmen dieser Arbeit nicht in aller Vollständigkeit erläutert werden.

2.3.1. Leidenschaft für das eigene Fach?

Fragt man nach der Funktion von Lehrkräften, wird die Antwort gemeinhin lauten, es sei ihre primäre Aufgabe, Wissen an ihre Schülerinnen und Schüler weiterzugeben. Dabei sollen sie ihren Unterricht möglichst spannend gestalten und so den Schülerinnen und Schülern das Lernen erleichtern.

> Das Lehren ist [...] seinem Begriff und seiner Realität
> nach vom Tun des Lernenden genauso abhängig wie
> umgekehrt der Lernende vom Tun des Lehrers.[73]

Erfolgreiches Lehren bedingt die Bereitschaft des Adressaten, zu lernen. Tätigkeiten der Lernenden sind hierbei vielfältig: Sie nehmen die Worte der Lehrenden auf, entnehmen die Gedanken dahinter und verarbeiten sie zu eigenem Gedankengut.[74] Aufgabe der Lehrenden ist es, Sachverhalte

---

[73] Lutz Koch: Allgemeine Theorie des Lehrens. Ein Abriss. In: Philosophie des Lehrens. Hrsg. v. Hans-Christoph Koller, Roland Reichenbach u. Norbert Ricken. Paderborn: Schöningh 2012. S. 15-30. S. 15 f.
[74] Vgl. ebd. S. 17.

zu benennen, über Vergleiche zu Bekanntem zu verdeutlichen sowie Zusammenhänge aufzuzeigen und damit die Aktivität der Aneignung von Wissen auf Seite der Lernenden zu ermöglichen.[75] Koch betont, dass es sich bei diesem Wissen um Wissen aus zweiter Hand handelt, dessen Vorteil in der leichten Zugänglichkeit liegt, welches im Gegenzug aber an Originalität verliert.[76] Unter Verweis auf Herbart betont er daher die Relevanz des eigenen Interesses der Lehrkraft an den vermittelten Inhalten, damit diese für die Lernenden an Attraktivität gewinnen:

> Das [Erwecken von Interesse; Anm. d. V.] ist einer der zahlreichen Gründe dafür, dass man die persönliche Präsenz des Lehrers nicht vollständig durch Bücher, Lehrmaschinen und Lehrprogramme ersetzen kann. Es ist auch einer der Gründe dafür, dass Lehrer nicht gleich Lehrern sind, selbst wenn man voraussetzt, dass sie ihre ‚Fächer' und die Didaktik gleich gut beherrschen. Ein Lehrer, der auch jenseits objektiv messbarer Lehrqualitäten noch ein guter Lehrer ist, ‚überträgt' außer dem Wissen auch das Interesse am Wissen, die Lernbegierde.[77]

Eine ‚gute Lehrkraft' zeichnet sich nach Koch also nicht nur durch fachliche und methodische Kompetenz aus, sondern insbesondere durch ihren Beispielcharakter in Hinsicht auf persönliches Interesse am unterrichteten Inhalt.[78]

Wenzl stellt jedoch heraus, dass, entgegen der verbreiteten Vorstellung, das Interesse der Schülerinnen und Schüler am zu lernenden Inhalt durch die Struktur unterrichtlicher Interaktion nicht bestimmend für die Initiierung von Lernprozessen im Unterrichtsgeschehen sein *kann*.[79] Melderegel und Redepflicht halten die Beteiligung der Schülerinnen und Schüler in einem bestimmten Rahmen: Genauso wie die Redepflicht dazu anhält, ein Minimum an Aufmerksamkeit am Unterrichtsgeschehen zu wahren (jede Schülerin, jeder Schüler kann jederzeit zu einem Wortbeitrag aufgefordert werden), halten die Melderegel und Artikulierung innerhalb der Klassenöffentlichkeit dazu an, sich auf we-

---

[75] Vgl. ebd.
[76] Vgl. ebd. S. 18.
[77] Ebd.
[78] Vgl. ebd. S. 29.
[79] Vgl. Thomas Wenzl: Elementarstrukturen unterrichtlicher Interaktion. Zum Vermittlungszusammenhang von Sozialisation und Bildung im schulischen Unterricht. Wiesbaden: Springer VS 2014 (= Rekonstruktive Bildungsforschung 3). S. 39.

sentliche Inhalte, welche die Anforderungen der Initiierung des Wortbeitrags durch die Lehrkraft nicht übersteigen, zu beschränken.[80] Starkes Interesse an einzelnen Inhalten, welches über eine Behandlung des von der Lehrkraft gesteckten Rahmens des behandelten Themas hinausgeht, ist weder erwünscht noch strukturell vorgesehen. Wenzl spricht hier von einer „Verpflichtung der berufsförmigen Tätigkeit"[81] der Lernenden, welche unabhängig vom zu lernenden Inhalt besteht und strukturell verlangt wird. Die Forderung an die Lehrkraft, Interesse an den unterrichteten Inhalten zu wecken, muss daher kritisch betrachtet werden. Dennoch muss mit dieser Erkenntnis der oben genannte Einfluss auf die Lernmotivation nicht revidiert werden. Zwar kann das Interesse der Schülerinnen und Schüler nicht im Mittelpunkt des Unterrichtsgeschehens stehen, doch ist es – in gewissem Maße – der Erfüllung der Schülerrolle im Sinne einer berufsförmigen Tätigkeit zuträglich, da weniger Anstrengungen unternommen werden müssen, das Minimum an Teilhabe am Unterricht aufrechtzuerhalten.

Das Ideal der in ihrem Fach in besonderem Maße gebildeten Lehrkraft, welche voller Leidenschaft für das eigene Fach ist, ist daher strukturtheoretisch fraglich. Nicht nur das Interesse der Schülerinnen und Schüler, sondern auch ein Ausdruck der Leidenschaft der Lehrkraft für das eigene Fach wird durch die unterrichtliche Struktur begrenzt. Verliert sich beispielsweise eine Deutschlehrerin während des Unterrichts in ihrer Faszination für die Entstehungsgeschichte eines Werkes, anstatt im eigentlichen Lehrplan voranzuschreiten, muss sie an anderer Stelle Kürzungen vornehmen. Sie kann also nicht bei jedem Werk, welches curricular vorgegeben ist, ihrer Leidenschaft entsprechend agieren. Die Verbundenheit mit dem eigenen Fach ist daher gleichsam wünschenswert und doch mit Grenzen versehen. Möglich ist allerdings, dass sich das gezeigte Interesse am Fach auf die Sachautorität auswirkt, welche wiederum bei der Autoritätsanerkennung nicht unwesentlich zum Tragen kommt.

---

[80] Vgl. ebd.
[81] Ebd. S. 40.

2.3.2. Autorität

Bei Autorität handelt es sich, wie Wimmer ausführt, um einen ambivalenten Begriff.[82] Einerseits erscheint sie als unverzichtbare Komponente bei der Entwicklung eines jeden Individuums auf psychischer, sozialer und kognitiver Ebene zu einer autonomen, sozialintegrierten Identität, andererseits wird sie aber auch negativ, unterdrückend und mit Gewalt verbunden wahrgenommen.[83] Charakteristisch für Situationen, die Autorität erlauben, sind asymmetrische Sozial- und Interaktionsverhältnisse, bei denen eine Seite die andere leitet, welche wiederum freiwillig folgt.[84] Autorität wird hierbei als Instanz gesehen, die die Autonomie der Individuen fördert, indem sie den individuellen Gebrauch der eigenen Freiheit den der Gesellschaft gültigen Normen und Regeln nicht unterwirft, sondern entsprechend formt.[85] Die Anerkennung einer Autorität und die eigene individuelle Freiheit stellen also keine Gegensätze dar, sondern bedingen einander. Die Autorität bedarf der freiwilligen Anerkennung und das Individuum die Anleitung zur eigenen Freiheit. Das „sich negierende[s] Gewaltverhältnis"[86] wird laut Wernet zur ersten widersprüchlichen Problemstruktur pädagogischen Handelns.[87]

Die Anerkennung von Autorität kann, positiv gesehen, auf Grundlage von Vertrauen und Geborgenheit entstehen, aber auch auf Angst vor Liebesentzug oder Strafen sowie Schuldgefühlen beruhen.[88] Letztere Auslegung ist insbesondere bei Freud zu finden: Das Über-Ich, „Vertretung aller moralischen Beschränkungen"[89], beruhe auf der primären Erfahrung der Abhängigkeit von den Eltern und damit verbundener Unterwerfung unter die Macht des Vaters, welcher die Mutter-Kind-Dyade trennte und Gehorsam einfordere. Über die Identifikation mit dem

---

[82] Vgl. Michael Wimmer: Autorität als soziokulturelle Bedingung des Aufwachsens. In: Gesellschaftliche Bedingungen von Bildung und Erziehung. Eine Einführung. Hrsg. v. Andrea Liesner u. Ingrid Lohmann. Stuttgart: Kohlhammer 2010 (=Pädagogik/Erziehungswissenschaft 638). S. 314-326. S. 314.
[83] Vgl. ebd.
[84] Vgl. ebd. S. 315.
[85] Vgl. ebd.
[86] Dietrich Benner: Allgemeine Pädagogik. Eine systematisch-problemgeschichtliche Einführung in die Grundstruktur pädagogischen Denkens und Handelns. 2. verb. Aufl. Weinheim und München: Juventa-Verlag 1987. S. 187.
[87] Vgl. Wernet: Pädagogische Permissivität. S. 25.
[88] Vgl. ebd.
[89] Sigmund Freud: Vorlesungen zur Einführung in die Psychoanalyse. Hamburg: Nikol 2010. S. 505.

Vater manifestiere sich dann das Über-Ich in der „Verinnerlichung äußeren Zwangs"[90]. Die Anerkennung von Autorität beruht, folgt man diesem Gedanken, also nicht auf äußerer Gewalt, sondern fußt auf innere Ideale und Schuldgefühle, welche wiederum durch den Vater oder vergleichbare Autoritäten, welche an seine Stelle treten, begründet sind.[91] Hier setzt auch Bourdieu an, wenn er behauptet, die Anerkennung der Legitimität einer Autorität unterliege einer unbewussten Unterwerfung, welche der Gesellschaft immanent ist; Foucaults Überlegungen, dass die Anerkennung von Autorität mit einer Verschmelzung von Individuum und Gesellschaft einhergehe, schließen hier an.[92] Auch fügt sich hier die zuvor erläuterte Auffassung von Schule, deren Akteure, die Lehrkräfte, mit Autorität ausgestattet sind, als sozialisierende Instanz, welche gesellschaftliche Bedingungen reproduziert. Die Lehrkraft agiert unabhängig der eigenen Moralität als „Organ einer großen moralischen Wirklichkeit"[93].

Lehrerinnen und Lehrer sind von Beginn an mit der bereits beschriebenen personenunabhängigen Amtsautorität ausgestattet, welche auf der Anerkennung der Institution Schule beruht.[94] Darüber hinaus verfügen sie durch ihr Wissen und didaktische Fähigkeiten, welche sie im Unterrichtsgeschehen zeigen, über eine personenbezogene Sachautorität, so Paris.[95] Als dritte Dimension der Autorität nennt er Charisma als „persönliche Autorität im engeren Sinne"[96]. Diese beruhe auf der Persönlichkeit und Ausstrahlung der mit Autorität behafteten Person und sei oftmals mit Bewunderung erbrachter Leistungen verbunden. Paris sieht hier den Kern der Autoritätsanerkennung:

> Sowohl die konkrete Handhabung der Amtsautorität als
> auch die besondere Ausprägung und Inszenierung der
> Sachautorität sind in der Wahrnehmung der Schüler in
> letzter Instanz eine Funktion der Persönlichkeitsautorität
> des Lehrers: Ist er als Person respektiert und anerkannt,

---

[90] Wimmer: Autorität als soziokulturelle Bedingung des Aufwachsens. S. 317.
[91] Vgl. ebd.
[92] Vgl. ebd. S. 323f.
[93] Emile Durkheim: Erziehung, Moral und Gesellschaft. Vorlesung an der Sorbonne 1902/1903. Mit einer Einl. v. Paul Fauconnet. Übers. v. Ludwig Schmidts. Frankfurt a. M.: Suhrkamp 1984 (=Suhrkamp Taschenbuch Wissenschaft 487). S. 196.
[94] Vgl. Rainer Paris: Der Wille des Einen ist das Tun des Anderen. Aufsätze zur Machttheorie. Weilerswist: Velbrück Wissenschaft 2015. S. 254.
[95] Vgl. ebd. S. 254.
[96] Ebd.

so folgt man ihm auch in der Ausübung seiner institutionellen Rolle und seinen fachlichen Vorgaben.[97]

Paris ergänzt diesen Aspekt unter Verweis auf Popitz um den Faktor der gegenseitigen Anerkennung: Da wir nach Anerkennung derjenigen streben, die wir selbst anerkennen, kann eine anerkannte Autorität durch die Aussprache von Lob und Tadel subtiler agieren als eine nicht geachtete Autorität, welche ihre Machtbefugnisse ausnutzen muss.[98] Diese aus der Persönlichkeit der Lehrkraft gespeiste Autorität ist im Sinne einer affektiven Neutralität als Norm schulischer und gesellschaftlicher Strukturen allerdings problematisch. Hier öffnet sich ein weiteres Spannungsfeld, welches von Wernet als Problemstruktur pädagogischen Handelns formuliert wird: die Persönlichkeit der Lehrkraft sowie die Lehrer-Schüler-Beziehung, welche durch eine Nähe-Distanz-Antinomie geprägt ist.

2.3.3. Balance zwischen Nähe und Distanz: Zur Persönlichkeit der Lehrkraft

> Die Nähe-Distanz-Antinomie formuliert ein Modell der Gratwanderung zwischen zwei als notwendig gedachten Polen der beruflichen Handlungsorientierung. Vereinseitigung zu Gunsten der jeweiligen Pole generieren berufliches Misslingen: die Vereinseitigung von Distanz führt zu „Fühllosigkeit" und „Kälte", die Vereinseitigung von Nähe zu emotionaler Enttäuschung und Inkonsistenz.[99]

In 2.2.2.1 wurde Schule als Institution purifizierter universalistischer Leistungsorientierung charakterisiert, welche nicht zwischen dem System diffuser Sozialbeziehungen innerhalb der Familie und dem der spezifischen Sozialbeziehungen der modernen Gesellschaft vermittelt, sondern letztere im Gegenteil noch steigert. Die eigentliche Aufgabe und somit „Kern der beruflichen Handlungsanforderung"[100] der Lehrkraft liegt somit darin, „Experte der eindeutigen, klaren und unmissverständlichen

---

[97] Ebd. S. 268.
[98] Vgl. ebd. S. 252.
[99] Wernet: Pädagogische Permissivität. S. 33.
[100] Ebd. S. 115.

Geltung der universalistisch-unpersönlichen Leistungsorientierung"[101] zu sein. Diese Anforderung an sich ist unproblematisch, stellt Wernet fest. Spannungsreich wird sie aber dann, wenn von der Lehrkraft gleichzeitig verlangt wird, ihrer erzieherischen Tätigkeit in dem Sinne nachzukommen, dass sie den Schülerinnen und Schülern bei der Bewältigung der Schwierigkeiten, die die Anpassung an diese universalistisch-unpersönlichen Strukturen der Schule mit sich bringen, behilflich zu sein hat.[102] Es muss dann

> dasselbe Personal, das die Statthalterschaft für das universalistisch-unpersönliche Leistungsmuster übernimmt, genau diejenigen Probleme bearbeiten, die sich eben aus dieser Statthalterschaft ergeben.[103]

Gerade wenn sich die Lehrkraft dieser Doppelrolle nicht bewusst ist, kann es zu befremdlichen Situationen im Schulalltag kommen. Diese treten insbesondere in potentiellen Konfliktsituationen auf, d. h. wenn Schülerinnen und Schüler nicht gemäß der für die Schule geltenden Regeln und Normen handeln. Abstrahiert ist die Situation dann folgende: Die Schülerin oder der Schüler kommt den an ihre bzw. seine Schülerrolle geknüpften Anforderungen nicht nach. Die Lehrkraft steht nun vor der Herausforderung, einerseits als Repräsentantin der universalistisch-unpersönlichen Leistungsorientierung aufzutreten und gleichzeitig als Erzieherin bei der Anpassung in eben dieses System zu vermitteln. Vorstellbar sind nun die folgenden drei Handlungsalternativen:

---

[101] Ebd.
[102] Vgl. ebd. S. 116.
[103] Ebd.

1. *Die Lehrkraft empört sich über den Regelverstoß und spricht in ihrer Wut unangemessene Sanktionen aus.*
Beispiele für dieses Verhalten finden sich häufig in Gesprächsprotokollen unterrichtlicher Interaktion. Die Verärgerung, die Lehrkräfte oftmals über einen Regelverstoß zeigen, wird von Schülerinnen und Schülern vielfach als persönliche Kränkung der Lehrkraft interpretiert – welche einer Interpretation der Protokolle auch durchaus zu entnehmen ist. Problematisch ist, dass in diesem Fall von den Schülerinnen und Schülern nicht zwischen Verletzung der Schülerverpflichtung und einer von der Lehrkraft auferlegten Pflicht differenziert wird. Die Schülerinnen und Schüler neigen dann dazu „die Idee der Regel zu eng mit der Idee seiner Person [die Person der Lehrkraft; Anm. d. V.] zu verbinden"[104]. Voraussetzung für die von der Lehrkraft gezeigte Empörung ist ja aber auch, dass gleichzeitig eine persönliche Identifikation mit der Regel vorausgegangen ist. Kern des Problems scheint hier zu sein, dass die Lehrkraft selbst nicht ausreichend zwischen ihrer Funktion und ihrer Person unterscheidet. Ein affektiv-neutrales Verhalten ist somit erschwert. Sanktionen wirken willkürlich, weil sie dann nicht mehr im Rahmen allgemeiner Moral- und Pflichtvorstellungen verstanden werden.

In die Kategorie dieser Handlungsalternative fällt das Phänomen der pädagogischen Entgrenzungen, diese sind „taktlose, indiskrete, demütigende pädagogische Handlungen"[105], welche eine schulalltägliche Realität darstellen.

2. *Die Lehrkraft toleriert diesen wie auch zuvor andere Regelverstöße. Sie vermeidet sanktionierende Maßnahmen und versucht, sich ‚freundschaftlich', auf einer Ebene mit den Schülerinnen und Schülern zu bewegen.*
Auch hier ist die Trennung zwischen Funktion und Person der Lehrkraft aufgehoben. Anstelle einer Vereinnahmung der Pflichterfüllung durch die eigene Person tritt hier allerdings deren Leugnung. Es wird keine spezifische Sozialbeziehung

---

[104] Durkheim: Erziehung, Moral und Gesellschaft. S. 197.
[105] Vgl. Wernet: Pädagogische Permissivität. S. 17.

aufrechterhalten; die Lehrkraft kommt ihrer Funktion als Vorbild der universalistisch-unpersönlichen Leistungsorientierung nicht nach. Adorno verweist darüber hinaus auf eine formale Eigenart des Lehrberufs, welche das Streben nach Anerkennung begünstigt: Es gibt keine Beförderungsmöglichkeiten auf Grundlage guter Leistungen.[106] Pflichtbewusstsein und Leistungsorientierung werden am Arbeitsmarkt gemeinhin durch Aufstiegschancen und steigenden finanziellen Wohlstand gewürdigt. Was bringt es einem aber, eine ‚gute' Lehrerin/ein ‚guter' Lehrer zu sein? Woran wird diese Leistung gemessen? Oft wird eine Bestätigung der eigenen Leistung in der Beliebtheit bei den Schülerinnen und Schülern oder aber in deren Gefolgschaft gesucht.

Beide Handlungsalternativen können Ausdruck ein und desselben Symptoms sein: fehlende Identifikation mit der eigenen Funktion innerhalb der Institution Schule.[107] Eine fehlende Identifikation mit der eigenen Amts- und Sachautorität führt zu einem allgemeinen Autoritätsverlust. Dieser kann auf zwei Arten kompensiert werden: durch herrisches Agieren oder aber durch das Streben nach Beliebtheit und Anerkennung bei den Schülerinnen und Schülern.

Wernet schlägt zur Vermeidung dieser Konflikte den Weg der pädagogischen Permissivität und damit die folgende Handlungsalternative vor:

> 3. *Die Lehrkraft fordert sachlich dazu auf, künftige Regelverstöße dieser Art zu unterlassen.*
> Dieses Verhalten beschreibt nach Wernet einen „distanziert-permissiven Handlungsstandpunkt"[108] und stellt einen konfliktausweichenden Ansatz dar. Die Lehrkraft widersteht der Tendenz, sich affektiv zu dem Vorgang zu äußern, und wählt

---

[106] Vgl. Theodor W. Adorno.: Tabus über dem Lehrberuf. In: ders.: Gesammelte Schriften. 20 Bde. Hrsg. v. Rolf Tiedemann. Bd. 10.2: Kulturkritik und Gesellschaft II. Eingriffe, Stichworte, Anhang. Hrsg. v. ders. Frankfurt a. M.: Suhrkamp 1977. S. 656-673.S. 658.
[107] Schließlich führt bei der ersten Handlungsalternative die Tatsache, dass sich die Lehrkraft durch den Regelverstoß persönlich und nicht in ihrer Funktion angegriffen fühlt, zu dem unangemessenen Verhalten.
[108] Wernet: Pädagogische Permissivität. S. 164.

eine Reaktion, welche sie nicht als Person, sondern als Organ des universalistisch-unpersönlichen Leistungsprinzips charakterisiert. Ein Konflikt, welcher aus der Bezugnahme auf die Persönlichkeit der Lehrkraft (oder aber der Schülerin/des Schülers) entstehen könnte und somit den Anspruch einer universalistisch-spezifischen Sozialbeziehung verletzen würde, wird vermieden.[109] Voraussetzung hierfür scheint zu sein, dass sich die Lehrkraft der schulischen Normen und ihrer Vorbildfunktion für diese bewusst ist. Pädagogische Permissivität bedeutet nicht, dass Normverletzungen toleriert, sondern ausdrücklich als solche gekennzeichnet werden. Indem eine Ausnahme von der Regel gemacht wird, wird deren Gültigkeit bestätigt. Dass die Abweichung von der Norm erklärungsbedürftig ist („Ich werte diese Klassenarbeit nicht, *weil* ..."), bestätigt die allgemeine Gültigkeit.[110]

2.3.4. Der Lehr*körper:* Zur Fremdwahrnehmung der Lehrkraft

Auch Adorno formulierte, dass gerade der Verzicht auf affektive Handlungen bei Lehrern zu psychischer Gewalt führe. Nach Verbot der körperlichen Züchtigung sei die Lehrkraft daher weiterhin mit dem Bild des Prüglers, welcher seine physische Überlegenheit gegenüber den schwächeren Schülerinnen und Schülern ausnutzt, verknüpft.[111]

> Im Bild des Lehrers wiederholt sich, sei's noch so abgeschwächt, etwas vom affektiv höchst besetzten Bild des Henkers.[112]

Zu bemerken ist hierbei der niedrige soziale Status des Henkers oder auch allgemein desjenigen, der physische Gewalt anwendet; „Ein Herr prügelt nicht" zitiert Adorno hierzu an dieser Stelle.[113] Hier spiegelt sich das Motiv der Delegation und Verleumdung: Das Potential physischer Gewalt wird von der Gesellschaft delegiert und in der Delegation durch

---

[109] Vgl. ebd. S. 117.
[110] Vgl. ebd. S. 118.
[111] Vgl. Adorno: Tabus über den Lehrerberuf. S. 662.
[112] Vgl. ebd. S. 664.
[113] Vgl. ebd.

diese verleumdet. Überträgt man dieses Motiv auf die Lehrkraft, wird diese zum Sündenbock gesellschaftlicher Erziehungsprozesse, welche außerhalb der Institution Schule funktionslos und schwächlich erscheint.[114]

In der modernen Gesellschaft wird zwischen körperlicher und geistiger Überlegenheit unterschieden. Laut Adorno werden in der Lehrerfigur allerdings beide Seiten manifestiert: Sie ist gleichzeitig „Prügler" und „Denker".[115] Die körperliche Züchtigung wurde hierbei zivilisatorisch durch Systemzwänge und damit verbundene psychische Gewalt ersetzt. Diese äußere sich insbesondere in der Forderung an Schülerinnen und Schüler, affektives Handeln zurückzustellen.[116] Aufgabe der Lehrkraft ist es also, ein soziales, triebfernes Verhalten durch Androhung disziplinärer Konsequenzen zu etablieren. Der Unterdrückung des stark ausgeprägten körperlichen Bezugs, welcher Kindern näher ist als eine Fokussierung geistiger Stärke, geht die eigene Disziplinierung der Lehrkraft in dieser Hinsicht voraus, die die eigene Körperlichkeit zugunsten des Bildes des „Wissenden" aufgibt.[117]

Hinzu kommt, dass sich Lehrerinnen und Lehrer ‚nur' gegenüber Kindern und Jugendlichen, nicht aber gegenüber Erwachsenen behaupten müssen. Die Lehrkraft wird so zum asexuellen, „prügelnden Schwächling"[118] stilisiert, welche die Schule und damit die Sphäre der Kinder und Jugendlichen nie wirklich verlassen hat. Adorno führt hierzu die Darstellungen von Lehrern in Romanen, welche um 1900 entstanden sind, an:

> Dies Bild des quasi Kastrierten, wenigstens erotisch Neutralisierten, nicht frei Entwickelten; das von Menschen, die in der erotischen Konkurrenz nicht zählen, deckt sich mit der wirklichen oder vermeintlichen Infantilität des Lehrers.[119]

Das Fremdbild von Lehrkräften lässt sich also als sehr ambivalent beschreiben. Wissen wird zum Machtinstrument, gleichzeitig besteht der

---

[114] Vgl. ebd.
[115] Ebd.
[116] Vgl. ebd. S. 659.
[117] Vgl. ebd.
[118] Ebd. S. 664.
[119] Ebd. S. 665.

Ruf, diese Macht auszunutzen und Gebrauch von psychischer Gewalt zu machen. Doch diese Gewalt richtet sich ‚nur' gegen Kinder und Jugendliche. Die Fähigkeit, sich gegenüber Erwachsenen, ebenbürtigen Gegnern, durchzusetzen wird in Frage gestellt. Mehr noch, man unterstellt, die Lehrkraft habe mit der Schule gleichzeitig den Kosmos der Jugendlichkeit nie verlassen. Deswegen und wegen der Zurücknahme der eigenen Körperlichkeit zugunsten der Darstellung des Geistes werde auch die Sexualität der Lehrkräfte tabuisiert. Außerhalb des Wirkungskreises der Schule wird ihr keine Kompetenz zugesprochen. Gleichzeitig, so bemerkt Adorno, fehle den Lehrkräften oftmals das Selbstvertrauen, dieser fraglichen Fremdwahrnehmung eine konsistente, selbstsichere Selbsteinschätzung entgegen zu setzen.

Anmerkung:

Die Lösung des Dilemmas, dass sich in der Person der Lehrkraft in Form von Disziplinierung und Wissen körperliche und geistige Stärke gleichzeitig einen und doch aufgrund der Forderung nach affektiver Neutralität entgegenstehen, sieht Adorno darin, genau diese zu thematisieren:

> Sie dürfen ihre Affekte nicht unterdrücken und dann rationalisiert doch herauslassen, sondern müssten die Affekte sich selbst und anderen zugestehen und dadurch die Schüler entwaffnen. Wahrscheinlich ist ein Lehrer überzeugender, der sagt: „Jawohl, ich bin ungerecht, ich bin genauso ein Mensch wie ihr, manches gefällt mir, manches nicht." 120

Dieser Vorschlag ist in Anbetracht der Ausführungen in 2.3.3 kritisch zu bewerten, denn so wird wieder die Lehrkraft als Person fokussiert; das Vorbild der universalistisch-unpersönlichen Leistungsorientierung kann nicht gegeben werden.

---

[120] Ebd. S. 669.

2.4. Zusammenfassung

Was ist nun also die gesellschaftliche Funktion der Schule? Deutlich wurde, dass eine Antwort umfassender ausfallen muss, als es von der überwiegenden Mehrheit der Gesellschaft augenscheinlich angenommen wird. Aufgabe der Schule kann es eben nicht sein, konkret inhaltlich auf den späteren Beruf und das eigenständige Leben vorzubereiten.

Zwar kommt der Schule eine Qualifikationsfunktion zu, dieser wird aber im Geringsten durch unterrichtete Inhalte nachgekommen. Vielmehr wird diese durch die Lehre funktionaler und extrafunktionaler Fertigkeiten erfüllt; eine allgemeine Arbeitshaltung wird geformt. Darüber hinaus kommt die Schule einer Selektions- und Allokationsfunktion nach und trägt damit zur Aufrechterhaltung der gesellschaftlichen Sozialstruktur bei. Auch dieser Aspekt scheint relativ offensichtlich: Schulische Leistungen entscheiden über Chancen auf dem Arbeitsmarkt. Die dritte Reproduktionsfunktion der Schule bleibt aber scheinbar außerhalb der fachlichen Diskussion weitestgehend unerkannt, dabei scheint diese bei näherer Betrachtung zentral: Durch ihre strukturellen Merkmale trägt die Schule zur Verinnerlichung gesellschaftlicher Werte und Normen bei. Erst damit ist das beschulte Individuum in der Lage, sich in eine Gesellschaft, welche durch eine universalistisch-unpersönlichen Leistungsorientierung gekennzeichnet ist, zu integrieren. Darüber hinaus werden Macht- und Herrschaftsverhältnisse legitimiert, was wiederum den Frieden innerhalb der Gesellschaft wahrt. Die Schule bereitet in diesem Sinne durchaus auf das Erwachsenendasein vor – allerdings nicht konkret inhaltlich, sondern implizit durch Formung eines gesellschaftskonformen Habitus.

Im Sinne einer ‚Sozialisationsagentur' bietet die Schule Raum für die Erprobung im Umgang mit öffentlichen sozialen Strukturen, welche sich drastisch von den im Kindesalter erfahrenen Situationen der familialen Umgebung unterscheiden. Dem diffusen Sozialsystem der Familie wird ein spezifisches System entgegengesetzt. Dabei stellt sich die Schule durch die vielfach gebotenen schulischen Erfahrungen nicht als Übergangssystem zur affektiv-neutralen, universalistisch-spezifischen Leistungsorientierung der Gesellschaft dar, sondern sogar als Steigerung dieses Wertesystems.

Die Funktion der Lehrkraft übersteigt daher das vermeintliche Ziel, erfolgreich Wissen zu tradieren und damit inhaltlich auf das Erwachsenendasein vorzubereiten. Die Lehre fachlicher Inhalte tritt in den Hintergrund, primär kommt der Lehrkraft als Organ der Institution Schule die Aufgabe zu, gleichzeitig Vorbild der purifizierten universalistisch-unpersönlichen Leistungsorientierung und Vermittlerin zwischen dem Wertesystem der Familie und dem der Gesellschaft zu sein. Das Dilemma einer Rollenanforderung, welche in einer *Person* eine *Funktion*, die die affektive Neutralität eines universalistischen Leistungssystems repräsentiert, zu verwirklichen sucht, kann hierbei nicht aufgelöst werden. Die Balance zwischen Persönlichkeit der Lehrkraft und funktionaler Repräsentanz der Institution Schule scheint schwierig. So ist die Anerkennung der Autorität einer Lehrperson immer auch an ihre persönliche Autorität gebunden. Zwar ist sie mit einer Amtsautorität ausgestattet und hat aufgrund ihrer Ausbildung auch die Voraussetzungen für eine Sachautorität – doch diese ist nicht zuletzt an die individuellen Fähigkeiten und Fertigkeiten der Lehrkraft geknüpft. Sind Amts- und Sachautorität nicht zuletzt durch eine diskreditierende gesellschaftliche Fremdwahrnehmung der Lehrkräfte ohnehin geschwächt, wird die persönliche Autorität der Lehrkraft in besonderem Maße gefordert.[121]

Es wird deutlich, dass sich die Tätigkeit von Lehrkräften in einem Spannungsfeld bewegt. Besonders die Forderung nach affektiver Neutralität führt hierbei zu Spannungen, welche sich in Form von entgrenzendem Verhalten und psychischer Gewalt entladen können. Zwei kontrastierende Möglichkeiten des Umgangs hiermit zeigen Adorno und Wernet. Während Adorno eine Relativierung der affektiven Neutralität in Form persönlicher Eingeständnisse der Lehrkraft als Lösungsweg sieht, formuliert Wernet ein Modell der pädagogischen Permissivität, hinter dem die Forderung steht, dass sich Lehrkräfte ihrer gesellschaftlichen Funktion gewahr werden müssen.

---

[121] Weitere Faktoren, welche Amts- und Sachautorität schwächen, sind zum Beispiel auch die öffentliche Dekonstruktion des Sinns der Schule durch Medien und Verdrängung des Wissensprestiges durch die allgegenwärtige Verfügbarkeit von Wissen in Form des Internets. Vgl. Paris: Der Wille des Einen ist das Tun des Anderen. S. 263 f.

Teil II

Analyse
Lehrerinnen und Lehrer in Roman und Film

3. Darstellung von Lehrerinnen und Lehrern in Film und Literatur

Wie werden nun Lehrerinnen und Lehrer in den Medien dargestellt? Wie gehen Lehrerfiguren in Filmen und Romanen mit den ambivalenten Anforderungen an die Berufsrolle der Lehrkraft um? Die folgende Analyse zeigt zwei gegensätzliche Inszenierungen der Lehrerrolle. Während in dem Film *FACK JU GÖHTE* ein Happy End gezeigt wird, welches suggeriert, die Lösung für erfolgreiches Unterrichten gefunden zu haben, zeigt Schalansky in ihrem Roman *Der Hals der Giraffe* ein ernüchterndes Bild vermeintlicher schulischer Realität. Das Erkenntnisinteresse der Analyse liegt in der Darstellung der Lehrerrolle. Ziel ist es, Schlüsse über vorhandene Bilder von und Forderungen an Lehrkräfte herauszuarbeiten. Aus den Ergebnissen des ersten Teils dieser Arbeit lassen sich folgende Leitfragen ableiten, welche für die Charakterisierung der Lehrerfiguren sinnvoll erscheinen:

1. Worin sieht die Figur ihre berufsspezifische Aufgabe und wie verhält sich diese zu ihrer strukturtheoretischen Funktion?
2. Mit welchen Mitteln versucht sie ihrer Aufgabe nachzukommen und ist sie dabei erfolgreich?

Darüber hinaus wird auch das Gesamtbild der Figur, also ebenso ihr Handeln außerhalb der Schule, betrachtet. Interessant für die Frage nach gesellschaftlicher Wahrnehmung von Lehrerfiguren ist, ob die Figuren so angelegt sind, dass sich Zuschauerinnen und Zuschauer bzw. Leserinnen und Leser mit ihnen identifizieren können und wollen. Was wird als ‚lehrertypisch' dargestellt? Gerade die von Adorno angesprochene Entsexualisierung der Lehrkräfte ist hier zu untersuchen. Können sich die Figuren tatsächlich außerhalb der Schule nicht behaupten, wie das von Adorno genannte Lehrer-Klischee lautet?

Hervorzuheben ist die Unterschiedlichkeit der beiden untersuchten Werke. Während es sich bei dem Film *FACK JU GÖHTE* um eine deutsche Komödie handelt, welche maßgeblich aufgrund der parodistischen Darstellung der Schulsituation und derber Jugendsprache ein überwiegend junges Publikum in die Kinos zog, spricht Schalansky mit ihrem Roman, welcher im Untertitel als *Bildungsroman* angekündigt wird, eine ganz andere Zielgruppe an. Leserinnen und Leser werden hier eher eine kritische, reflektierende Haltung einnehmen als lediglich Unterhaltung zu suchen. Die Werke fordern also ganz unterschiedliche Rezeptionshaltungen. Dies äußert sich auch in der Komplexität der dargestellten Figuren, wie die Ergebnisse der Analyse zeigen.

3.1. Methode

Für die Analyse der Werke wird eine literaturwissenschaftliche Figureninterpretation genutzt. Dass diese anstelle der in der Erziehungswissenschaft üblichen Methode der objektiven Hermeneutik gewählt wurde, ist dadurch begründet, dass das Erkenntnisinteresse in der Aussage des literarischen bzw. filmischen Werks als Ausdruck einer gesellschaftlichen Wahrnehmung liegt. Ziel der Untersuchung soll es *nicht* sein, die Lehrerfiguren als Beispiele fiktiven Lehrerhandelns zu betrachten und dieses funktionstheoretisch zu bewerten, sondern eben aus diesem Handeln der Figuren abzuleiten, welche Vorstellungen und Erwartungen von und an Lehrerinnen und Lehrer durch die Autorin des Romans und den Drehbuchautoren des Films gezeichnet werden. Hierfür bietet es sich an, nach möglichen Intentionen und Motivationen der dargestellten Handlungen zu fragen. Dieses Vorgehen widerspricht der Funktionsweise der objektiven Hermeneutik. Roman und Film werden im Rahmen dieser Arbeit ausdrücklich nicht als Protokolle sozialer Wirklichkeit betrachtet, sondern ihre Mittelbarkeit, welche durch das Medium begründet ist, durch die literaturwissenschaftliche Interpretation betont.

Dennoch wird während der Interpretation vereinzelt auf ein Werkzeug der objektiven Hermeneutik zurückgegriffen: die Frage nach möglichen Lesarten in anderen Kontexten. Gerade wenn eine Aussage einer Figur irritierend wirkt, dieser Umstand aber aus dem Text heraus nicht erklärt werden kann, wird sich der latenten Sinnebene durch Abstraktion des Gesagten genähert. In welchen Kontexten wird die zu untersuchende Aussage üblicherweise gemacht? Ist sie auch in anderen sozialen Situationen, beispielsweise bei umgekehrten oder negierten Autoritätsverhältnissen, vorstellbar? Wie muss die fragliche Aussage verändert werden, damit die Irritation aufgehoben wird? Diese und ähnliche Fragen ergänzen die rein textinterne Betrachtung gewinnbringend. Dabei werden die Gedankenexperimente nicht in der Ausführlichkeit und Extensivität ausgeführt, wie in der objektiven Hermeneutik üblich, sondern lediglich als Hilfsmittel zur Erfassung verborgener Implikationen einer Aussage genutzt.

3.2. Fack Ju Göhte

Der Film *FACK JU GÖHTE* von Drehbuchautor und Regisseur Bora Dagtekin war mit über 7 Millionen verkauften Kinokarten der erfolgreichste Film 2013. Er belegt den sechsten Platz der erfolgreichsten deutschen Filme in der Bundesrepublik seit 1964 und wurde unter anderem mit dem deutschen Filmpreis ‚Bambi' ausgezeichnet.[122]

3.2.1. Inhalt

Als Zeki Müller nach 13 Monaten Haft entlassen wird, muss er feststellen, dass eine Freundin seine langersehnte Beute ausgerechnet unter dem Neubau der Turnhalle der Goethe-Gesamtschule vergraben hat. Um an seine Beute zu gelangen, will er sich als Hausmeister an der Schule bewerben. Durch ein Missverständnis stellt ihn die Schulleiterin Frau Gerster allerdings als Feuerwehrlehrkraft ein. Müller, welcher selbst keinen Schulabschluss hat, kommt seiner neuen Tätigkeit zumindest zum Schein nach und gräbt sich nachts vom Keller der Schule aus zur Beute durch.

Die junge und unsichere Referendarin Elisabeth Schnabelstedt kommt seinem Betrug auf die Schliche und tauscht ihr Schweigen dagegen ein, dass er ihre ungeliebte zehnte Klasse übernimmt. Durch Anwendung seiner ganz eigenen Methoden dringt er letztendlich zu den Schülerinnen und Schülern der Klasse durch. Müller und Schnabelstedt verlieben sich ineinander und als sein Schwindel auffliegt, entscheidet er sich dennoch gegen einen Fortgang seiner kriminellen Karriere. Aufgrund seiner Erfolge in der vom Kollegium bereits aufgegebenen Klasse 10B wird er auch ohne Schul- und Studienabschluss weiterhin als Lehrkraft an der Goethe-Gesamtschule beschäftigt.

Hauptschauplatz des Films ist die Schule. Somit sind viele Lehrerfiguren zu sehen, welche ganz unterschiedliche Haltungen zeigen. Die Direktorin Gerster schnüffelt an Kleber und überwacht jeden Winkel der Schule über Monitore in ihrem Büro, die Lehrerin Lambach-Knorr stürzt sich aus dem Fenster des ersten Stocks, Theater-Lehrer Gundlach inszeniert

---

[122] Vgl. www.insidekino.com/DJahr/DAltimeDeutsch50.html (22.12.2017).

Romeo und Julia seit 25 Jahren auf dieselbe Art und Weise und die überforderte Referendarin Schnabelstedt gerät an ihre psychischen Grenzen.

3.2.2. Analyse

Da die untersuchten Figuren widerholt durch die erzählerische Gegenüberstellung von Situationen kontrastiert werden, interagieren und sich im Verlauf des Films aufgrund gegenseitiger Einflussnahme wandeln, wird die Analyse der Figuren nicht in separaten Kapiteln für jede Figur oder nach *pattern variables*, sondern dem Erzählverlauf folgend durchgeführt.

Um eine transparente Interpretationsgrundlage zu schaffen, wurden interpretierte Szenen transkribiert. Filmische Stilmittel wie der Einsatz der Kameraperspektive oder musikalische Unterlegung werden benannt, sofern diese für die Analyse sinnvoll einbezogen werden können, andernfalls wird aus Gründen der Effizienz auf eine detaillierte Beschreibung dieser Stilmittel verzichtet. Gegenstand der Untersuchung sind vornehmlich Wortwechsel und Handlungen der Figuren, weshalb sich überwiegend auf die ausführliche Beschreibung dieser beschränkt wurde.

Die Begriffe Einstellung, Szene und Sequenz werden in der Analyse entsprechend des Filmlexikons der Christian-Albrechts-Universität zu Kiel genutzt und wie folgt definiert:

> Im Reden über narrativen Film ist eine dreigliedrige Hierarchie der Größen Einstellung (shot), Szene (scene) und Sequenz (sequence) üblich: Die Szene enthält eine Reihe von Handlungen, die zeitlich und/oder räumlich kontinuierlich zusammenhängen und meist als Folge von Einstellungen realisiert sind; die Sequenz ist dagegen eine Folge von Szenen, die eine einzelne Phase in der Entwicklung der Erzählung dokumentieren.[123]

---

[123] Hans Jürgen Wulff: Sequenz und Szene. In: Lexikon der Filmbegriffe. http://filmlexikon.uni-kiel.de/index.php?action=lexikon&tag=det&id=332 (15.01.2018).

Dabei ist eine Einstellung ein „kontinuierliche[r] Abschnitt zwischen zwei Schnitten"[124]. Eine Szene zeichnet sich durch die Einheit von Zeit, Ort und Figuren aus, sodass Szenenwechsel häufig durch Änderung der Personenkonstellation oder Schauplatzwechsel markiert sind.[125]

Da in der Analyse der ersten Einstellungen überwiegend bildliche Darstellungsmittel untersucht werden, wird an dieser Stelle ein Screenshot zur Ergänzung der Beschreibung der ersten Einstellung gezeigt. Für die Analyse folgender Szenen und Einstellungen wird dies nicht fortgeführt.

3.2.2.1. Charakterisierung der Figuren

3.2.2.1.1. Erste Einstellung und erster Auftritt Müller

Der Film beginnt mit der Vorstellung des Protagonisten Zeki Müller. Die Darstellung der Figur ist weniger über Sprache als über Bilder gegeben. Bereits in den ersten Einstellungen des Films wird dabei eine Wertevorstellung gezeigt, welche für die weitere Analyse spannend ist.

---

[124] Theo Bender, Hans Jürgen Wulff u. Kurt Denzer: Einstellung. In: Lexikon der Filmbegriffe. http://filmlexikon.uni-kiel.de/index.php?action=lexikon&tag=det&id=135 (15.01.2018).

[125] Vgl. Hans Jürgen Wulff: Szene. In: Lexikon der Filmbegriffe. http://filmlexikon.uni-kiel.de/index.php?action=lexikon&tag=det&id=1501 (15.01.2018).

> Die Einstellung zeigt ein Graffiti an einer Mauer. Darüber wird zunächst der Schriftzug von Constantin Film eingeblendet, welcher dann mit dem Logo der Filmproduktionsgesellschaft Rat Pack „übersprüht" wird. Dieser Vorgang wird durch das Rasseln einer Sprühdose, welche geschüttelt wird, angekündigt und schließlich mit dem zugehörigen Geräusch des Sprühens versehen. Das Logo wurde dahingehend verändert, dass ein Buchstabe fehlt; man liest „Filmprduktion". Unterlegt ist die Einstellung mit einem Hip-Hop-Beat.
>
> Das Graffiti zeigt verschieden Symbole in den auffälligen Farben Pink, Türkis und Gelb. Zu sehen ist ein Totenkopf am linken unteren Rand, eine Käppi mit Anarchie-Symbol relativ mittig oben und eine stilisierte Krone am rechten Rand des Bildes. In der linken oberen Ecke ist der Schriftzug „10B" in verschwommener Schrift zu erkennen, unten rechts, unter der Krone, steht „Zeki is King".[126]

Die erste Einstellung des Films zeigt mit einem Graffiti ein Symbol jugendlicher Rebellion. Graffitis werden überwiegend rechtswidrig geschaffen und stellen als Sachbeschädigung einen gesellschaftlich unerwünschten Ausdruck des jugendlichen Verlangens nach Expressivität dar. Durch Sprühen eines Graffitis wird sich der öffentlichen Ordnung und vermeintlich tristen Eintönigkeit der Gesellschaft widersetzt; das Graffiti wird damit zum Ausdruck der Generationenspannung.

Die Feindseligkeit des Mediums wird auch inhaltlich wiedergegeben: Totenkopf und Anarchie-Symbol kommen einer Kampfansage gleich. Dass ein Buchstabe in dem Wort „Filmproduktion" ausgelassen wurde, fügt sich in diesen Zusammenhang: auch einer Rechtschreibord*nung* muss nicht gefolgt werden. Auch die restlichen Schriftzüge sind aussagekräftig: Die 10B ist in der Auflösung begriffen; neuer König ist ein gewisser „Zeki", wie dem Bild nachträglich zugefügt wurde (der Schriftzug überdeckt Teile des Graffitis).

> Die Einstellung verlässt das Motiv des Graffitis. Die Kamera fährt dazu nach oben, über die Mauer mit Stacheldraht, an der das Graffiti angebracht ist, hinweg und

---

[126] Fack Ju Göhte. R. und Drehbuch: Bora Dagtekin. DE: Rat Pack Filmproduktion 2013.Fassung: DVD. Constantin Film Verleih GmbH 2013, 113 Min., TC: 00:00:10-00:00:15. Im Folgenden angegeben unter der vorangestellten Sigle ‚FJG' und Time Code in Klammern direkt im Fließtext.

neigt sich dann, hier verharrend, weiter nach oben. Zu sehen ist ein großes, weißgestrichenes Gebäude mit vielen vergitterten Fenstern. Nach einem Schnitt ist das Innere eines Raumes zu sehen. Sechs Männer sitzen desinteressiert an Einzeltischen, welche in Richtung einer Weltkarte und eines Pultes ausgerichtet sind. Auf den Tischen liegen jeweils ein Block und ein Stift. Hinter dem Pult steht eine Frau (F) im Hosenanzug und reicht zwei Männern, welche ihr gegenüber stehen, je ein Papier. Alle Männer sind eher muskulös, die beiden am Pult wirken durch ihre Körperhaltung unsicher.

F: Herzlichen Glückwunsch, an Herrn Popolski und Herrn Ates. Sie haben Ihren Hauptschulabschluss bestanden. *(lächelt, führt die Hände vor ihrem Körper zusammen)* Herr Müller, Ihre mündliche Prüfung war, gelinde gesagt, eine Farce. *(Müller (M), sitzt an einem Einzeltisch in der zweiten Reihe, schaut sie gelangweilt an, zuckt mit den Schultern, im Hintergrund ist zu sehen, wie Müllers Sitznachbar von einem der beiden Männer, welche zuvor am Pult standen, ein Foto mit einem Handy macht, der Mann hält sein Zeugnis neben sein Gesicht und schneidet eine Grimasse)* Ich hörte, Sie werden diese Woche entlassen? *(M nickt und lächelt ironisch)* Alles Gute. Obwohl Sie meiner Meinung nach mit so wenig Allgemeinbildung eine Gefahr für die Öffentlichkeit darstellen! *(wirft sich ihre Handtasche über die Schulter und geht verärgert, sie klopft von innen an die Tür und dreht sich zu M um, der mit einem Pappbecher in der Hand aufgestanden und ebenfalls in Richtung Tür, zu einem Getränkeautomaten, gegangen ist)* Mich würde nur interessieren, warum Sie überhaupt am Unterricht teilgenommen haben.

M: *(stellt seinen Becher in den Automaten)* Weil es der einzige Ort im Knast ist, *(drückt auf einen Knopf)* wo es umsonst Kakao gibt.

(FJG 00:0015-00:0050)

Aussagekräftig ist insbesondere der Übergang von der ersten zur zweiten Einstellung. Durch die nach oben geneigte Perspektive (,Froschperspektive') wird das Gefängnis so dargestellt, dass man zu ihm hinaufschaut: Das Gefängnis, die letzte Konsequenz der Nichtachtung gesellschaftlicher Werte, wirkt damit erhaben oder aber bedrohlich.

Das Bild erwachsener, muskulöser Männer, welche augenscheinlich ihren Schulabschluss nachholen, wirkt absurd. Ihre einschüchternde körperliche Präsenz steht im Widerspruch zur Fokussierung des Intellekts der schulischen Bildung. Trotz ihrer körperlichen Überlegenheit wirken die beiden Männer am Lehrerpult der Lehrerin gegenüber unbeholfen und eingeschüchtert. Sie müssen sich den institutionellen Gegebenheiten unterwerfen, dies gelingt ihnen nicht mit Würde. Der Schulabschluss stellt für die gezeigten Figuren keinen Wert dar, das Zeugnis wird eher ironisch als aufrichtig gefeiert. Sie zeigen damit eine Haltung, welche Bildung und Intellekt keinen Wert zuschreibt.

Die Ansprache der Lehrerin sowie der Dialog mit Müller haben einen geringen Aussagewert. Beide dienen der Lokalisierung des Geschehens und zeigen die Abneigung Müllers gegenüber der Institution Schule. Er wird selbst in dem gezeigten Kontext eines geringen Bildungsanspruchs als herausragend inkompetent und systemindifferent dargestellt. Müller wird betont lässig und gleichgültig charakterisiert. Mit seinem Verweis auf die Zweckentfremdung der Schulsituation beweist er sich als alltagskompetent. Dieser Kompetenz wird hier erzähllogisch ein höherer Wert zugesprochen als intellektuellen Fähigkeiten (u. a. durch die Heroisierung der Insassen durch die Kameraführung und die geringe Sympathieübertragung der Lehrkraft).

Bereits in der ersten Minute des Films wird so ein Spannungsverhältnis zwischen Körperlichkeit und Intellekt eröffnet. Darüber hinaus findet eine Thematisierung von Kriminalität statt, welche eine positive Färbung hat.

Das Graffiti stellt einen Vorgriff auf den Ausgang des Films dar: Der systemindifferente Gefängnisinsasse Zeki Müller wird zum neuen König der Klasse 10B. Dies impliziert entweder einen Wandel der Wertevorstellung der Figur, sodass sie sich die Klasse als berufsrollenförmiger Lehrer unterwerfen kann, oder aber die Akzeptanz der Werte Alltagskompetenz und Kriminalität im Schulkontext. Das Ergebnis der folgenden Analyse wird u. a. die Frage nach der korrekten Lesart beantworten.

3.2.2.1.2.   Erster Auftritt Schnabelstedt

Die äußere Erscheinung Elisabeth Schnabelstedts ist unauffällig: Sie trägt einen pinkfarbenen Rock, keine oder aber eine durchsichtige Strumpfhose, Stiefeletten, ein blaues Shirt, eine blaue Jacke, offene rötliche Haare und eine große Brille. Schnabelstedt trägt große Taschen, Bücher und lose Blätter vor sich, die zu fallen drohen. Sie spricht sehr schnell und kurzatmig.

Müller versucht, eine Tür mit der Aufschrift „Haustechnik" zu öffnen. Sie ist aber verschlossen. Schnabelstedt kommt um die Ecke.

S: Hallo, 'tschuldigung, kann ich Ihnen helfen?
M: Ich such das Direktorat.
S: Oh, wegen der Stelle?
M: Ja, genau.
S: Rechts und dann immer geradeaus. (*deutet mit dem Kopf in die Richtung. M macht einen Schritt in die gezeigte Richtung. S stellt sich ihm in den Weg*)
S: 'Tschuldigen Sie, können Sie mir ganz kurz helfen wegen der Brille? (*wackelt mit der Nase, M schiebt ihre Brille mit dem Zeigefinger am Nasebügel hoch*)
S: (*lächelt, kneift dann die Augen zusammen*) Au. (*schüttelt den Kopf*) 'Tschuldigung, war gar nicht schlimm. Okay, ich mach 'nen Schuh. Tschüss. (*geht*) Viel Glück!

M schaut ihr nach. Auf ihrem Rücken ist ein Schild befestigt, auf dem „TRITT MICH" steht und ein Pfeil nach unten abgebildet ist.

(FJG 00:05:38-00:06:05)

Die Figur Elisabeth Schnabelstedt wird äußerlich durchaus attraktiv dargestellt. Sie ist modern und mit dem kurzen Rock figurbetont gekleidet. Dennoch wirkt sie insgesamt nicht attraktiv. Ihr Verhalten strahlt Überforderung aus. Ihre Überhäufung mit Unterrichtsmaterialien kann hierbei symbolisch gedeutet werden: Sie ist beladen mit Wissen und Anwendungsaufgaben aus Büchern, weiß aber nicht, wie sie diese sinnvoll greifen soll. Ihre schnelle und kurzatmige Artikulation lässt sie gehetzt wirken. Sie scheint keine Routine im Unterrichtsalltag zu haben. Auch ihr Verhalten Müller gegenüber zeigt eine allgemeine Unsicherheit und Zurückhaltung. Schon ihre Begrüßung

> S: Hallo, 'tschuldigung, kann ich Ihnen helfen?

wirkt unsicher: Schnabelstedt entschuldigt sich dafür, dass sie ihre Hilfe anbietet. Obwohl offensichtlich eine unbefugte Person Zutritt zu einem verschlossenen Raum sucht, wird nicht Müllers Verhalten, sondern ihr eigenes als einer Entschuldigung bedürftig dargestellt. Nach Klärung der Situation (Müller sucht angeblich das Direktorat) folgen innerhalb kürzester Zeit zwei weitere Entschuldigungen Schnabelstedts. Zunächst tatsächlich im Zusammenhang mit einer eigenen Bitte und damit in einem angemessenen Sinnzusammenhang.

> S: 'Tschuldigen Sie, können Sie mir ganz kurz helfen wegen der Brille?
> *(wackelt mehrmals mit der Nase)*

Seltsam wirkt an diesem Gesprächsakt weniger die Bitte um Entschuldigung als die mit ihr verbundene Bitte an sich. Schnabelstedt wünscht, dass Müller ihre heruntergerutschte Brille wieder richtet. Diese Bitte scheint einer fremden Person gegenüber unangemessen, da ein Eingriff in die eigene körperliche Privatsphäre gefordert wird. Zwar wird mit der Bitte keine direkte Berührung, sondern die eines Gegenstands, nämlich der Brille, gefordert, doch verweist diese aufgrund der Verortung im Gesicht auf eine gewisse Intimität. Es ist nicht üblich, jemandem, dem man nicht durch eine familiäre oder freundschaftliche Beziehung nahe steht, ins Gesicht zu fassen. Und selbst dann ist eine Berührung in unmittelbarer Umgebung der Augen aufgrund der gebotenen Vorsicht eher intim. Warum stellt Schnabelstedt also diese Bitte an eine fremde Person, obwohl die Handlung aufgrund fehlender Intimität für beide unangenehm sein muss? Die Darstellung lässt zwei mögliche Gründe zu:

1. Schnabelstedt empfindet die Handlung nicht als Grenzüberschreitung der eigenen Privatsphäre und sieht daher auch keinen Grund für Beschämung bei Müller.
2. Aufgrund ihrer eingeschränkten Handlungsfähigkeit nimmt sie die Berührung und damit verbundene Unannehmlichkeiten auf beiden Seiten in Kauf.

Beide Begründungen zeigen Schnabelstedts Schwäche. Entweder entgeht ihr die Empfindung für ein angemessenes Verhalten in der gegebenen sozialen Situation oder sie empfindet ihre durch Überladung selbstverschuldete Not als so groß, dass sie trotz Unangemessenheit Hilfe einfordern muss. Ihr Lächeln kann dabei entweder als Indiz für die erstgenannte Auslegung oder aber als Überspielungsversuch der letzteren gedeutet werden. Die folgende Entschuldigung

        S: Au. *(schüttelt den Kopf)* 'Tschuldigung, war gar nicht schlimm.

zeigt erneut die Absurdität der Situation. Das Heraufschieben der Brille empfindet Schnabelstedt tatsächlich als unangenehm, was sie mit dem Aufschrei „Au" zum Ausdruck bringt. Gleichzeitig wird ihr aber bewusst, dass die damit verbundene Anschuldigung der groben Berührung unangemessen ist; schließlich hatte sie um diese Handlung gebeten. Sie versucht die Anschuldigung zu revidieren, indem sie sich entschuldigt. Da der Ausdruck „war gar nicht schlimm" aber gerade nach Situationen denkbar ist, bei denen durchaus damit gerechnet wurde, sie wären „schlimm", also unangenehm oder gar schmerzhaft, verweist dieser Ausspruch darauf, dass die Handlung an sich als unangenehm bewertet wird. Dennoch zeigt sich durch die Entschuldigung wieder Schnabelstedts devote Haltung in der sozialen Situation. Unabhängig der tatsächlichen Grobheit des Zurückschiebens der Brille wäre es eigentlich an der handelnden Person, also Herrn Müller, gewesen, sich zu entschuldigen. Die Möglichkeit hierfür gibt Schnabelstedt ihm aber auch wie in den vorherigen Turnwechseln durch ihre schnelle Reaktion nicht. Ohne ihn zu Wort kommen zu lassen – was hätte er aber angesichts der seltsamen Situation auch sagen sollen? – verabschiedet sie sich mit einer ungelenken Formulierung:

>S: Okay, ich mach 'nen Schuh. Tschüss. *(geht)* Viel Glück!

Diese ist der erste vieler im Film folgenden Versuche Schnabelstedts, jugendsprachliche Ausdrücke zu nutzen. Der Ausspruch wirkt bei ihr aber deplatziert und daher ungewollt komisch.[127] Es wird das Bild einer jungen Frau gezeichnet, welche ihren Platz zwischen Schüler- und Lehrerrolle noch nicht gefunden hat. So scheint es ihr ein Bedürfnis zu sein, sich durch ihre Sprache den Kindern und Jugendlichen anzupassen, obwohl ihr dies aufgrund ihrer Position nicht mehr recht gelingen mag. Insgesamt wird die Figur Schnabelstedts so zwar bemüht aber stark überfordert mit den Anforderungen des Berufs und der Behauptung innerhalb sozialer Interaktionen dargestellt. Dieses Bild wird in der folgenden Szene bestärkt.

3.2.2.1.3. Mädchen oder Frau?

Müller steht vor Schnabelstedts Tür. (Schnitt) Schnabelstedt ist im Bad, trägt Lidschatten auf. Als es klingelt, schaut sie erschrocken in den Spiegel, zur Tür und dann wieder in den Spiegel. Sie reibt sich an den Augen, kneift diese dann mit schmerzverzerrtem Gesicht zusammen. (Schnitt) Schnabelstedt sitzt auf einem grünen Sofa. Sie gießt Tee aus einer roten, gepunkteten Kanne in zwei geblümte Tassen auf einem Tablett, welches den kleinen Tisch, auf dem es steht, beinahe ganz bedeckt. Müller sitzt auf einem angestellten Hocker. Das Mobiliar ist sehr bunt und farbenfroh, es dominieren die Farben Grasgrün und Pink, es sind viele Muster zu sehen.

>S: Möchtest du Zucker? *(wirkt nervös)*
>M: Hast du vielleicht doch ein Bier da?
>S: Äh. Ich kann mal gucken. Ich trinke eigentlich kein Bier. *(steht zögernd auf, geht zur Tür)*
>M: Irgendwas mit Alkohol wär geil.

---

[127] An späterer Stelle (FJG 00:27:50-00:28:04) wird gezeigt, dass Schnabelstedt ein Notizbuch mit sich führt, in welchem sie (vermeintlich) jugendsprachliche Ausdrücke sammelt. Hier wird in besonderem Maße deutlich, wie unnatürlich diese Sprechakte sind.

S: Okay. *(will die Tür öffnen, sieht einen pinkfarbenen BH an der Türklinke hängen, reißt diesen ab)* Ach... *(dreht sich zu M)* He. ... BH.. *(hält den BH vor sich, lächelt gezwungen, verzieht dann das Gesicht und wirft die Hände nach unten, verlässt den Raum)*

[...] (FJG 00:11:00-00:11:20)

Schnabelstedt befindet sich in der Küche (diese ist ähnlich bunt und zusammengewürfelt wie das zuvor gezeigte Wohnzimmer), öffnet den Kühlschrank. [...] Nimmt einen Prosecco aus dem Kühlschrank und bückt sich zu dem Hund.

S: Lisi hat Besuch! *(klatscht in die Hände)* Jaha. *(streichelt den Hund)*

(FJG 00:11:33-00:11:36)

Die Szene stärkt die in der Vorstellung der Figur in der zuvor besprochenen Szene evozierte Vermutung, Schnabelstedt zeige Defizite in der sozialen Interaktion. Da in dieser wie in der zuvor besprochenen Szene der Interaktionspartner dieselbe Figur ist, ein attraktiver Mann etwa im Alter Schnabelstedts, lässt sich diese Aussage zunächst nicht verallgemeinern. Vielleicht verhält sie sich auch nur ihm gegenüber eigenartig, weil er sie nervös macht.

Da es Abend ist, scheint sich Schnabelstedt extra für Müller zu schminken. Sie ist mit dem Ergebnis aber nicht zufrieden, weswegen sie die Schminke zu verwischen versucht, als es klingelt. Dies und der Umstand, dass sie sich hierbei ungewollt Schmerzen zufügt, lässt eine mangelnde Routine darin vermuten. Dass es sich um eine außergewöhnliche Situation handelt, zeigt auch ihre Interaktion mit dem Hund.

S: Lisi hat Besuch! *(klatscht in die Hände)* Jaha. *(streichelt den Hund)*

Sie stellt damit explizit heraus, dass es sich um eine besondere Situation handelt. Mehr noch, der Nachtrag „Jaha" verweist darauf, dass ihr Gegenüber, in diesem Fall der Hund, wohl nicht damit gerechnet habe, dass sie jemals Besuch bekäme. Darüber hinaus drückt Schnabelstedt hier durch ihre Körpersprache Freude und Nervosität aus. Sie sagt nicht „Lisi hat Männerbesuch" oder ähnliches, was ausdrücken würde, dass die Besonderheit der Situation hier zu suchen wäre. Dennoch bleibt diese Interpretation naheliegend, da die Situation insgesamt auf eine zwischengeschlechtliche Anspannung von ihrer Seite aus hinweist.

Spannend an der geschilderten Szene ist aber insbesondere die Kulisse. Die bunten, nicht einheitlichen Möbel zeichnen das typische Bild einer Studenten-WG. Aber gerade die vielfältigen, u. a. floralen Muster lassen an Vorlieben kleiner Mädchen denken. Das Servieren des Tees auf einem Tablett und wie Müller eher desinteressiert, vornüber gebeugt auf dem Hocker sitzt, lässt an das kindliche Spiel einer Teestunde denken, welches Schnabelstedt ihm aufzwingt – schließlich möchte Müller gar keinen Tee trinken.[128] Schnabelstedt, eher Mädchen als Frau, vernünftig und gesittet (Tee statt Alkohol), versucht, eine Erwachsene zu spielen. Dass ihr das nicht gelingen mag, wird in ihrer Unbeholfenheit deutlich, als sie ihre Scham über den offenliegenden BH zu überspielen versucht und damit die Situation noch peinlicher macht. Müller ist dabei nach wie vor unbeeindruckt von ihrer äußeren Erscheinung und Ausstrahlung. Sie zählt für ihn, wie Adorno sagt, „in der erotischen Konkurrenz nicht"[129].

3.2.2.2. Autoritätsanerkennung und Wahrnehmung der Funktion

3.2.2.2.1. Schnabelstedt und Müller im Kontrast

Schulhof, Schülerinnen und Schüler (SuS) stehen in kleiner Gruppe zusammen und rauchen. Auf der Treppe sitzt Schnabelstedts kleine Schwester Laura (L) mit einer Freundin (F).

---

[128] Zwar handelt es sich bei der Bitte um Alkohol um einen Vorwand, um erstens Schnabelstedt aus dem Raum zu bewegen und zweitens unterstellen zu können, ihr folgender Blackout habe mit ihrem Alkoholkonsum zu tun, dennoch scheint es abwegig, dass Müller Tee trinkt.
[129] Dies wird auch deutlich als er ihr, sobald sie ohnmächtig ist, ohne weiteres Interesse an ihren Po fasst, um zu prüfen, ob sie reagiert.

F:	Da ist deine Schwester. (winkt hektisch)
L:	Hör auf, sonst kommt sie ... oh, sch...
S:	Laura, ziehst du dir bitte etwas an, wenn du hier draußen sitzt? (L und F stehen auf und gehen) Laura, ich rede mit dir.
SuS im Chor:	Laura, sie redet mit dir!

(FJG 00:09:28-00:09:38)

Während sich Lauras Freundin darüber freut, Schnabelstedt zu sehen, möchte Laura den Kontakt augenscheinlich meiden. Es ist ihr unangenehm, ihrer Schwester in Form einer Lehrerin in der Schule zu begegnen. Es zeigt sich das Problem der Doppelrolle Schnabelstedts: Erfolgt die Anweisung, Laura solle sich eine Jacke anziehen, von Schnabelstedt in der Rolle der Lehrerin oder der erziehungsberechtigten Schwester? Da nur Laura aufgefordert wird, sich etwas anzuziehen, nicht aber ihre Freundin, welche ebenfalls keine Jacke trägt, kann Letzteres angenommen werden. Allgemein ist die Aufforderung, jemand solle sich eine Jacke anziehen, eng mit dem Eindruck mütterlicher Fürsorge verbunden, sodass diese im schulischen Kontext bei älteren Schülerinnen und Schülern zumindest erklärungsbedürftig scheint. Indem Laura mit ihrer Freundin flieht, ignoriert sie die Anweisung ihrer Schwester.

Mit dem Ausspruch „Laura, ich rede mit dir" wird getadelt, dass sich Laura der Aufforderung entzieht. Dabei ist dieser bereits ein Eingeständnis mangelnder Autorität. Es ist kein Kontext denkbar, in dem die Aussage nicht als letzter Versuch der Durchsetzung eines eigenen Anliegens genutzt wird (sofern davon ausgegangen wird, dass sich die angesprochene Person bewusst ist, dass mit ihr gesprochen wird). Auch die Reaktion auf diesen Ausspruch scheint in allen vorstellbaren Kontexten ähnlich: Die angesprochene Person erfüllt das Anliegen entweder widerwillig oder setzt die Ignoranz der Forderung fort. Eine Alternative, nach der sie bereitwillig der Aufforderung folgt, scheint aufgrund des vorwurfsvollen Charakters der Aussage abwegig. Darüber hinaus impliziert dieser eine Herabwürdigung des Adressaten in dem Sinne, dass dieser aufgrund der Überlegenheit des Arguments[130] oder aber der Machtbefug-

---

[130] Möglich wäre auch ein Kontext, in dem ein umgekehrtes Autoritätsverhältnis gilt. In diesem Fall muss der Sender aber von der Überlegenheit seines Arguments überzeugt

nisse des Sprechers der Aufforderung zu folgen habe, schließlich wird die einzige Begründung für die Nichterfüllung der Forderung darin gesehen, dass der Adressat nicht erkannt habe, dass sie an ihn gestellt wurde. Deutlich wird darüber hinaus, dass es sich bei einem Kontext, in dem dieser Sprechakt getätigt wird, um eine Konfliktsituation handelt, bei der Sender und Adressat emotional betroffen sind: Der Sender ist empört über die Nichtachtung seiner Forderung, der Empfänger lehnt die Forderung und damit die Autorität des Senders ab, was er dadurch zum Ausdruck bringt, dass er sich durch Schweigen oder Verlassen der Situation dem Gespräch entzieht. Schnabelstedt bringt also letztlich ihre Enttäuschung über ihre augenscheinlich mangelnde Autorität zum Ausdruck – unabhängig davon, ob sie diese gerade auf Grundlage der Erziehungsberechtigung als Schwester oder als Lehrerin sieht – und schwächt damit ihr Ansehen als Autorität noch einmal.

Indem die Schülerinnen und Schüler auf dem Schulhof Schnabelstedts Empörung im Chor wiederholen, spiegeln sie genau diesen Autoritätsverlust. Gleichzeitig wird Laura in ihrem Sonderstatus, als in doppeltem Maße der vermeintlichen Autorität ihrer Schwester unterworfen, hervorgehoben. Obwohl sich auf den ersten Blick über die Bevormundung, welcher sich Laura als Schwester einer Lehrerin ausgesetzt sieht (wenn auch im negativen Sinne), amüsiert wird, zielt die Wiederholung Schnabelstedts Aussage auf die Abwertung ihrer Autorität.

Müller will das Schulgebäude verlassen, ein Schüler (S(m)1) hält die Glastür von außen zu und zeigt M den Mittelfinger.

M: Lass es.

S(m)1 schüttelt den Kopf, hebt den Mittelfinger nochmals. M schaut zur Seite, kratzt sich an der Nase und tritt dann mit Schwung gegen die Tür. S(m)1 bekommt diese gegen den Kopf, tritt einen Schritt zurück und fasst

---

sein. Beispiel: Ein Arbeitnehmer legt argumentativ schlüssig die Notwendigkeit eines neuen Computers dar, da er mit dem derzeitigen nicht vernünftig arbeiten kann. Ignoriert der Arbeitgeber die Ausführungen, indem er während des Gesprächs den Raum verlässt, ist es durchaus möglich, dass der Arbeitnehmer ihm nachruft: „Ich rede mit Ihnen!" Dieser Sprechakt ist allerdings als respektlos dem Arbeitgeber gegenüber und damit als risikohaft für den Arbeitnehmer zu bewerten. Einzig das Bewusstsein darüber, dass seine Argumente stichhaltig sind, legitimiert für den Arbeitnehmer den Vorwurf, dass der Arbeitgeber nicht zugehört habe bzw. nicht zuhören wolle.

sich an die Stirn. M tritt durch die Tür und stößt S(m)1 zu Boden.

(FJG 00:09:39-00:09:51)

Bereits an dieser Stelle wird Müller kontrastierend zu Schnabelstedts Autoritätsmangel inszeniert. Zu dem dargestellten Zeitpunkt kommt Müller gerade von dem Vorstellungsgespräch bei der Rektorin Gerster, ist also für die Schülerinnen und Schüler noch nicht als Lehrer identifizierbar, wenn auch die Vermutung aufgrund seines Alters nahe liegen muss (in Frage kämen andernfalls noch die Rolle als Schulpersonal z.b. Hausmeister oder aber Vater eines beschulten Kindes, beide sind nur aufgrund ihres Alters autoritätsbesetzt, aber auch weniger wahrscheinlich an einer Schule anzutreffen als ein neuer Lehrer). Auffällig ist, dass Müller keine Bitte äußert oder direkt dazu auffordert, zur Seite zu treten, sondern sich direkt drohend äußert. Die Aussage „Lass es" kann eher drohend weiter gedacht werden zu „Lass es sein, sonst werde ich böse" oder aber „Lass es sein oder ich werde Konsequenz XY ziehen" als erklärend (z.B. „Lass es sein, ich habe es eilig"). „Lass es" kann also leicht mit einem Selbstverständnis eigener Überlegenheit verknüpft werden. Diese Überlegenheit wird verbalisiert und so eine Drohung suggeriert, noch bevor der Adressat die Möglichkeit hat, sein Handeln auf Grundlage eigener Motive zu überdenken („Es ist nicht nett, jemandem den Weg zu versperren. Das war kurz ganz witzig, reicht jetzt aber auch"), wie dies bei der Bitte „Lässt du mich bitte durch?" der Fall wäre. Rein aus der Situation heraus ist der Schüler in einer überlegenen Situation, welcher Müller ausgeliefert ist. Will er sich nicht mit Gewalt den Durchgang verschaffen, bleiben ihm nur die Optionen, den Schüler verbal zu überzeugen, zur Seite zur gehen, und so auf dessen Wohlwollen zu hoffen, oder aber einen anderen Ausgang zu nutzen. Der Schüler ist sich dieser Situation bewusst und provoziert Müller sogar noch, indem er ihm den Mittelfinger zeigt. Müller wählt keine der Optionen und geht somit gar nicht auf das derzeitige Machtverhältnis ein. Seine körperliche Überlegenheit verleiht ihm zusätzlich zu der seines Alters Autorität, welche er nicht scheut, zu zeigen. Er belässt es aber nicht nur dabei, als Sieger der Konfrontation das Feld zu verlassen, sondern rächt sich auch noch an dem Schüler, indem er diesen noch nachträglich zu Boden wirft. Er handelt also höchst affektiv. Der Racheakt, ein für den bereits entschiedenen

Machtkampf überflüssiges Handeln, zeigt, wie stark Müller emotional betroffen ist. Er sanktioniert das Verhalten des Schülers und macht damit deutlich, dass sich ihm niemand in den Weg zu stellen habe. Er zwingt den Schüler bildlich dazu sich zu ‚unterwerfen'.

> *Wieder auf dem Schulhof: Zu sehen ist eine rauchende Schülergruppe.*
> S: Macht ihr bitte eure Zigaretten aus?
> *Ein Schüler; Daniel (D), schaut sie an und zieht an seiner Zigarette.*
> S: Du da mit dem blauen Käppi, ich rede mit dir. *(geht auf ihn zu)*
>
> (FJG 00:09:51-00:09:58)

Auch hier zeigt sich ein Machtkampf. Indem Daniel Schnabelstedts Aufforderung ignoriert und dann sogar an seiner Zigarette zieht, als er sie anschaut, stellt er ihre Autorität in Frage. Er provoziert eine Reaktion. Schnabelstedt reagiert, indem sie ihn direkt anspricht. Sie wiederholt den zuvor bereits von den Jugendlichen belächelten Ausdruck „ich rede mit dir" und reproduziert damit wieder das Selbsteingeständnis der mangelnden Autorität. Sie verbalisiert indirekt das Hierarchiegefälle: „Ich, *die Lehrerin*, spreche mit dir, *einem Schüler*." Schnabelstedt beruft sich also auf ihre Amtsautorität, welche von dem Schüler aber nicht anerkannt wird.

> *Ihre Kollegin Meyer (My) hält sie zurück.*
> My   Elisabeth... Jetzt lass die doch mal, bitte. Die brauchen immer ein bisschen, bis die neue Referendare akzeptieren. *(greift in ihre Jackentasche)*
> S: *(zu My)* Die machen ihre Zigarette nicht aus!
> My   Du, kannst du eh nicht ändern. Das gucken die sich von zu Hause ab. *(steckt sich eine Zigarette an)*
> S: Das finde ich nicht so 'ne tolle Einstellung, muss ich ehrlich sagen. *(nimmt ihr die Zigarette aus dem Mund und tritt sie aus, geht zu D)*
>
> (FJG 00:09:58-00:10:12)

Meyer zeigt Schnabelstedt einen alternativen Lösungsweg. Sie schlägt vor, sich nicht auf Diskussionen einzulassen – zumindest solange sie noch nicht als Autorität anerkannt wurde. Darüber hinaus scheint sie gar keine Zuständigkeit für sich und Schnabelstedt zu sehen. Sie kann Schnabelstedts Empörung nicht teilen. Als sie sich auf dem Schulgelände eine eigene Zigarette anzündet, führt sie damit ihren zuvor geäußerten Einwand, die Schülerinnen und Schüler seien ohnehin von zu Hause aus soweit beeinflusst, dass eine Lehrkraft hieran nichts ändern könne, ins Absurde. Sie selbst gibt das negative Vorbild, wobei sie Schnabelstedts Einwand offensichtlich darin sieht, dass die Jugendlichen rauchen und nicht, dass sie es auf dem Schulgelände tun. Meyer wird als freundschaftlicher, lässiger Lehrertyp inszeniert. Gegenüber Meyer, welche sich im Verlauf des Films als Freundin und Mitbewohnerin Schnabelstedts herausstellt, zeigt Schnabelstedt Konsequenz, indem sie ihr die Zigarette abnimmt. Ihr eigener Idealismus wird deutlich.

S: (*zu D*) Äh, du, ähm... Wer ist denn dein Klassenlehrer?
D: Hab ich vergessen.
M: (*zu D*) Hast du nicht gehört? Du sollst die Kippe ausmachen?
D: Sie können mir gar nichts sagen. *(führt die Zigarette zum Mund)*

M nimmt D die Zigarette aus der Hand und drückt sie in seiner eigenen Handfläche aus. D schaut ungläubig und geht dann.

(FJG 00:10:13-00:10:29)

Diese Konsequenz fehlt ihr allerdings wieder im Umgang mit Daniel. Anstatt auch ihm die Zigarette abzunehmen, negiert sie ihre eigene Autorität nun vollständig. Indem sie Daniel nach seinem Klassenlehrer fragt, droht sie, ihn an diesen zu verraten. Damit spricht sie dem Klassenlehrer eine Autorität zu, welche sie bei sich selbst nicht sieht. Anstatt selbst als Autoritätsperson in Erscheinung zu treten und beispielsweise zu sanktionieren, flüchtet sie sich in die Möglichkeit der Androhung einer Sanktionierung durch eine andere Person. Da Schnabelstedt damit eingesteht, selbst keine Machtbefugnisse nutzen zu wollen, kann Daniel seinen Vorsprung im sinnbildlichen Kräftemessen ausbauen, indem er die Auskunft verweigert.

Müller tritt nun auf den ersten Blick als Held in Erscheinung. Er demonstriert Daniel seine körperliche Überlegenheit durch die eigene Schmerzfreiheit und schüchtert ihn damit ein. Zwar beendet er so den offensichtlichen Streit um die brennende Zigarette zugunsten Schnabelstedts, doch schwächt er ihre Autorität damit zusätzlich, indem er ihre Hilfsbedürftigkeit zeigt. Müller beruft sich nicht auf eine Amtsautorität oder sein Charisma, sondern handelt hier unter Zurschaustellung einer ‚kriminellen' Sachautorität, welche in seiner Gewaltbereitschaft begründet ist.[131] Er präsentiert damit nicht das Ideal des vernunftgeleiteten Intellektuellen, sondern das der rückständigen Körperlichkeit, welche im Affekt zum eigenen Vorteil genutzt wird.[132]

3.2.2.2.2. Persönliche Autorität im Kontrast

In der folgenden Sequenz werden kontrastierende Szenen von Schnabelstedt und Müller im Wechsel gezeigt, sodass ein direkter Vergleich deutlich wird.

Gang durch den Flur:

Schnabelstedt, lächelnd. Auf der Treppe kommen ihr viele Schülerinnen und Schüler entgegen. Sie versucht, sich hindurchzuquetschen. Murmelt: „Oh, Entschuldigung. Ups." Sie stürzt.

Müller, grimmig. Die Schülerinnen und Schüler springen förmlich zur Seite, als sie ihn sehen. Zwei Schüler

---

[131] Müllers Autorität zeigt sich auch, als Schnabelstedt und Meyer vergeblich versuchen, die Schülerinnen und Schüler von der verletzten Leimbach-Knorr wegzubewegen, aber Müllers Autorität greift. Sie gehen, als dieser aus dem Fenster ruft: „Verpisst euch vom Schulhof oder ich trete in eure unbehaarten Ärsche und polier euch eure Metallfressen!" Dass es sich um eine leere Drohung handelt, ist offensichtlich, da er sie gegen eine Vielzahl, in der Masse anonymer Jugendliche richtet. Dennoch wirkt die artikulierte Gewaltbereitschaft des neuen unbekannten Lehrers stärker als die Autorität der beiden bekannten Lehrerinnen (FJG 00:16:03-00:16:15).

[132] Deutlich wird diese Art der Konfliktlösung und damit auch der körperlichen Sachautorität u. a. in der Schwimmbadszene, als Müller Daniel unter Wasser drückt, um eine Entschuldigung zu erzwingen (FJG 00:44:35-00:44:41). Darüber hinaus wird hier aber auch die erotische Komponente der Körperlichkeit angesprochen: Schülerinnen und auch Schnabelstedt sind augenscheinlich von Müllers Attraktivität beeindruckt (FJG 00:42:33-00:42:50). Er greift die sexuelle Spannung auf, als er darüber scherzt, Schnabelstedt wolle sich vor den Schülerinnen und Schülern öffentlich bei ihm „bedanken" (er deutet dabei an, seine Hose zu öffnen (FJG 00:43:36-00:43:44)).

unterhalten sich mitten auf dem Gang, Müller macht einen Zischlaut und auch sie treten erschrocken zur Seite.

(FJG 00:19:09-00:19:26)

Schnabelstedt behauptet sich nicht in der Masse. Sie macht nicht von ihrem legitimen Recht Gebrauch, als Lehrerin durchgelassen zu werden, damit sie vor Unterrichtsbeginn in der Klasse ist. Dabei stellt sie sich der Gruppe der Schülerinnen und Schüler auf dem Gang nicht nur gleich, sondern ordnet sich sogar unter, indem sie sich fortgehend entschuldigt.

Müller hingegen verschafft sich wieder durch seine Körperlichkeit Ausdruck. Er schüchtert mit seinem Gesichtsausdruck die Schülerinnen und Schüler ein, er signalisiert Gewaltbereitschaft. Es ist sichtbar, dass er sich als überlegen wahrnimmt und dies auch von den Schülerinnen und Schülern gespiegelt wird. Er verscheucht die im Gespräch vertieften Schüler mit einem Zischlaut, wie man es vom Vertreiben streunender Katzen kennt, und macht damit seine Haltung der Schülerschaft gegenüber deutlich: Sie werden von ihm nicht geschätzt.

Unterrichtsbeginn:

Müller kommt in die Klasse. Die Klasse begrüßt ihn beim Eintreten durch den in der Mittelstufe üblichen „Guten Morgen"-Chor. Müller unterbricht sie.

M:	Jaja, lasst den Scheiß. (*schaut eine Schülerin, die gerade das Klassenbuch auf das Lehrerpult gelegt hat, böse an, diese setzt sich, M wirft seine Tasche auf den Tisch*) Ey, Peter Parker, hier, (*wirft einem Schüler einen leeren Getränkekarton zu*) hol mal 'nen Fernseher aus dem Technikraum! (*an die Klasse:*) Mein Name ist Herr Müller und wenn ihr keinen Stress wollt, dann haltet ihr alle die Klappe. Ich bin hier nur vorübergehend. Ihr steht alle auf Eins, jeder, der mir auf die Eier geht, bekommt 'ne Note Abzug. Habt ihr das kapiert?
Klasse:	Ja.
M:	(*zu einer Schülerin in der ersten Reihe, die gerade in einen Donut beißt*) Du da, hey, Dicke, hörst du mir zu? Gib mir mal das Heft. (*nimmt es ihr ab*) Und friss nicht so

> viel oder willst du als Jungfrau sterben?
>
> (FJG 00:19:27-00:20:05)

Auch in der Klasse hält Müller diese ablehnende Haltung bei. Seine Abneigung zeigt sich hier nicht nur gegenüber den Schülerinnen und Schülern, sondern auch gegenüber schulüblichen Abläufen: Er unterbricht die Begrüßung durch die Klasse und denunziert diese als „Scheiß". Fasst man den choralen Begrüßungsgesang der Klasse als Ausdruck der Vergemeinschaftung auf, in welcher die Klasse als formales Konstrukt und nicht als Zusammenschluss einzelner Individuen in Kraft tritt, schädigt Müller damit das Ideal der universalistischen Unpersönlichkeit. Die Schülerin, welche ihrer Pflicht nachkommt, das Klassenbuch an die Lehrkraft zu geben, wird mit einem bösen Blick gestraft, der Anspruch der Erfüllung von Schülerpflichten damit in Frage gestellt.

> M: Ey, Peter Parker, hier, (*wirft einem Schüler einen leeren Getränkekarton zu*) hol mal 'nen Fernseher aus dem Technikraum!

Müller spricht einen Schüler mit einem soeben erdachten Spitznamen an (Peter Parker ist der bürgerliche Alter Ego von Spider Man, dieser trägt wie auch der Schüler eine Brille). Genauso verhält es sich, als Müller das Mädchen, welches gerade isst, mit „Du da, hey, Dicke" anspricht.

> M: (*zu einer Schülerin in der ersten Reihe, die gerade in einen Donut beißt*) Du da, hey, Dicke, hörst du mir zu? Gib mir mal das Heft. (*nimmt es ihr ab*) Und friss nicht so viel, oder willst du als Jungfrau sterben?

Es wird in beiden Fällen wieder das Ideal der Unpersönlichkeit verletzt. Der Schüler und die Schülerin werden nicht in ihrer Schülerrolle angesprochen, sondern als Person im Ganzen mit besonderen äußerlichen Merkmalen, welche sie charakterisieren. Die Nachfrage „Hörst du mir zu?" kann bei der Interaktion mit der Schülerin als indirekter Tadel dafür, dass sie im Unterricht isst, gesehen werden. Aber anstatt diesen Regelverstoß formal zu nennen, spricht er sie wieder als Person im Ganzen an und beleidigt sie unter dem Vorwand eines gutgemeinten Rats, welcher die Körperlichkeit der Schülerin anspricht, und damit nicht in die Zuständigkeit der Schule fällt. Eine diffuse Sozialbeziehung wird damit angedeutet.

Das Zuwerfen eines leeren Getränkekartons im Falle des Jungen kann hierbei auch als Erniedrigung gesehen werden. Die Aufforderung, einen Fernseher zu holen, wird ohne „bitte" formuliert und Müllers Position damit verdeutlicht: Er ist in der Befehlsmacht.

> M: Mein Name ist Herr Müller und wenn ihr keinen Stress wollt, dann haltet ihr alle die Klappe. Ich bin hier nur vorübergehend.

Abgesehen von der vulgären Art der Formulierung fällt hier auf, dass Müller direkt mit seiner Vorstellung eine Drohung verknüpft; er sagt damit: „Ich bin Herr Müller und ich kann euch Ärger bereiten." Wieder wird eine Gewaltbereitschaft signalisiert, auch wenn diese hier nicht in der Anwendung physischer Gewalt zu sehen ist. Hier und auch an späterer Stelle bemerkt Müller gleich zu Beginn, er werde nicht lange Lehrkraft in dieser Klasse bleiben. Er schränkt damit seine Verantwortlichkeit zeitlich ein und distanziert sich so auch von der Verantwortung, seine Aufgaben als Lehrkraft angemessen zu erfüllen, schließlich würde in Kürze ohnehin eine neue Lehrkraft von vorne damit beginnen müssen.

> M: Ihr steht alle auf Eins, jeder, der mir auf die Eier geht, bekommt 'ne Note Abzug. Habt ihr das kapiert?

Diese Aussage spricht die schulischen Normen auf mehrere Arten an. Zunächst wird eine Vorstellung von Universalismus formuliert: *Alle* Schülerinnen und Schüler werden zu Beginn derselben Bewertung unterworfen. Da diese allerdings auf die Note Eins gesetzt wird, wird das Leistungsprinzip umgekehrt. Es wird nicht die übliche Reihenfolge ‚Leistung erbringen, dann Lohn erhalten' eingehalten; der Lohn, die bestmögliche Bewertung, wurde den Schülerinnen und Schülern bereits zugeschrieben (sie haben ihn nicht erworben!), um diesen zu halten, müssen sie quasi eine Leistung erbringen, welche der Idee der Leistung an sich widerspricht: Sie müssen sich unauffällig verhalten, d. h. nichts tun. Diese Leistungsbewertung ist hierbei der Laune und Willkür Müllers unterworfen; vielleicht ist er beispielsweise an einem Tag schneller zu nerven als an anderen. Auch wenn diese Grenze konstant wäre, unterläge sie seiner subjektiven Empfindung. Die Leistungsanforderung ist damit nicht nur nicht transparent, sondern auch höchst affektiv.[133]

Kontrastierend wird hierzu in der nächsten Szene Schnabelstedts Unterrichtsbeginn in der 10B, der Protagonistenklasse, gezeigt. An dieser Stelle werden aus Gründen der Übersichtlichkeit und Prägnanz nur einige wenige Passagen wörtlich untersucht. Die gesamte Szene festigt das Bild, Schnabelstedt unterwerfe sich als Person den Schülerinnen und Schülern. Ihre Unsicherheit sowie fehlendes Gespür für eine angemessene soziale Interaktion werden noch einmal illustriert. Eine ausführliche Analyse scheint daher nicht zielführend. Da aber erzählerisch durch den Wechsel zwischen Szenen, welche die Unterrichtssituation Müllers und Schnabelstedts zeigen, ein direkter Vergleich zwischen den gezeigten Lehrtätigkeiten nahegelegt wird, kann die Szene nicht vollständig der Analyse entzogen werden.

Schnabelstedt kommt in die Klasse. Die Schülerinnen und Schüler (der Klasse 10B) reden durcheinander, sitzen u. a. auf den Tischen und in der Fensterbank. Sie reagieren nicht, als Schnabelstedt sie begrüßt.

S:	Guten Morgen. Ich bin Frau Schnabelstedt. (*stellt sich hinter das Lehrerpult*)
Burak (B):	Frau Schnabelspast! (*alle lachen*)
S:	(*atmet tief ein, presst die nach innen gestülpten Lippen aufeinander und hebt die rechte Hand, deren Mittel- und Ringfinger sie auf den Daumen legt, Zeige- und Ringfinger zeigen nach oben (der ‚Flüsterfuchs')*)

---

[133] In der folgenden Darstellung des weiteren Unterrichtsverlaufs wird der Verdacht der Leistungsnegation bestätigt: Die gesamte Klasse erhält eine Note Abzug, weil sich alle Mitglieder für die Wahl zum Klassensprecher /zur Klassensprecherin gemeldet haben. Müller erläutert dazu: „Ich will keine Streber, klar?" (FJG 00:22:28-00:22:32), und äußert damit dass die Bewertung auf Grundlage seines persönlichen Empfindens und nicht allgemeiner Kriterien stattfindet.

Die SuS verstummen, schauen nach vorne und brechen dann in Gelächter aus. Schnabelstedt senkt die Hand und kratzt sich damit verlegen am Hinterkopf. Sie schaut nach links, rechts und schließlich nach unten. Dann schreit sie: „Setzt ihr euch bitte?" Es folgt weiteres Gelächter. Sie schaut verunsichert, führt die rechte Hand vor den Mund, stemmt dann beide Hände in die Hüfte. Sie atmet laut ein und aus, fasst sich dann wieder mit der rechten Hand an die Stirn und dann an den Hinterkopf.

(FJG 00:20:23-00:20:53)

Auffällig ist, dass Schnabelstedt sich bereits beim Betreten der Klasse vorstellt. Sie gibt der Klasse damit nicht die Chance, sich zu beruhigen, bevor sie das Wort an sie richtet. Sie stellt sich hinter das Lehrerpult und nimmt so bereits zu Beginn eine defensive Haltung ein. Dass sich Burak über ihren Namen lustig macht, wird von ihr ignoriert. Der Versuch, mit dem ‚Flüsterfuchs' für Ruhe in einer zehnten Klasse zu Sorgen, scheint abwegig und lächerlich. Es wird deutlich, dass Schnabelstedt auf Lehrbuchwissen zurückgreift, aber keine persönliche Intuition für die die soziale Interaktion nutzt. Auch der Versuch, durch autoritäres Verhalten Disziplin zu erzwingen, muss daher scheitern. Dabei lässt sich Schnabelstedt ihre Verunsicherung deutlich anmerken. Sie ändert wieder ihre Taktik:

S:	Okay. ... Ähm. ... Liebe Leute, ich weiß, es ist eine Menge passiert, aber es wäre wirklich schön, wenn
Chantal (C):	Äh. Wie alt bist du überhaupt?
S:	(*verunsichert*) Ähm. Wie fändest du
C:	Zwölf oder was?
S:	(*irritiert*) Ähm. Wie fändest du die Idee, mich zu siezen? Wäre das was für dich?
B:	Wie fänden Sie die Idee, mir einen zu blasen, he? (*deuten mit beiden Händen in einer großen Bewegung auf seinen Schoß, SuS grölen*)
S:	Ja, (*mit zitternder Stimme*) äh ... (*sicherer*) Gut. Also, viele von euch fragen sich bestimmt, wieso hat Frau Leimbach-Knorr das getan? Darüber wollen wir heute ein bisschen reden. Ich habe euch dazu einen Text von Herbert Freudenberger mitgebracht.

(FJG 00:20:53-00:21:21)

Auch hier finden gleich zwei Unterrichtsstörungen statt, welche nicht sanktioniert werden. Beide Einwürfe zielen dabei auf die Körperlichkeit Schnabelstedts ab. Sie werden ignoriert.[134] Schnabelstedt drückt sich selbst wiederholt einschränkend, zum Beispiel durch Verwendung des Konjunktivs, aus, spricht die Klasse mit „liebe Leute" an und zeigt darüber hinaus durch die Verwendung von Füllwörtern („ähm") Unsicherheit. Sie fordert nicht ein, gesiezt zu werden, sondern lässt Chantal durch ihre ungelenke Formulierung („Wie fändest du die Idee, mich zu siezen? Wäre das was für dich?") sogar formal gesehen die Wahl darüber.

Schnabelstedts Unterrichtsversuch in der 10B wird im Kontrast zu Müllers ‚Unterricht' dargestellt. Erfüllt sie das Ideal des universalistisch- unpersönlichen Leistungsprinzips? Nein, denn auch hier wird eine persönliche und keine spezifische, affektneutrale Interaktion gezeigt. Schnabelstedt sieht sich als Person und nicht in ihrer Rolle als Lehrerin angegriffen. Sie möchte von ihren Schülerinnen und Schülern so respektiert werden, wie auch sie von ihr respektiert werden: als Mensch. Damit ist die Situation nicht mehr durch die soziale Situation, sondern durch die Beziehung zwischen den Akteuren bestimmt. Wie bereits bei der Darstellung ihres Weges durch die Schule zum Klassenraum wird deutlich, dass Schnabelstedt sich nicht nur auf einer Ebene mit den Schülerinnen und Schülern sieht, sondern diese sogar überhöht. Nicht sich sieht sie als Autorität, sondern die Schülerinnen und Schüler, welche sie in ihrem Handeln als Menschen anerkennt und daher auch ihre Anerkennung als Mensch sucht.[135] Gerade in höheren Jahrgangsstufen, in denen die Schülerinnen und Schüler in der Pubertät sind, autonome Entwürfe von sich

---

[134] Dieses Verhalten steigert sich später sogar noch. Nachdem ihr von der Klasse verschiedene Streiche gespielt wurden sagt sie: „Okay, ich hab's verstanden, ihr seid sehr kreativ" (FJG 00:21:48-00:21:52) und „Boah, ey, Leute, das ist nicht mehr lustig" (FJG 00:23:04-00:23:09). Damit vermeidet sie nicht nur eine Sanktionierung an sich, sondern lobt sogar die Kreativität und den Einfallsreichtum der Schülerinnen und Schüler. Sie erkennt damit die ‚Leistungen' der Schülerinnen und Schüler an, anstatt sie als Regelverstöße zu markieren.

[135] Dieser Wunsch nach Anerkennung wird auch in der Darstellung des Umgangs mit dem Lehrerranking deutlich (vgl. FJG 01:08:29-01:09:24). Im Gespräch mit Müller beschreibt sie den Wert der Anerkennung: „Es ist ein Kompliment, es ist die einzige Bewertung, die wir bekommen. Die einzige, die zählt. Es zählt, was die Schüler denken" (FJG 01:09:57-01:10:01). Darüber hinaus wird auch der Zusammenhang zwischen Beliebtheit und Unterrichtserfolg hergestellt. Schnabelstedt befürchtet, bei einem Unterrichtsbesuch in der 10B eine schlechte Benotung zu erhalten. Die Szene, in der im Lehrerzimmer das Lehrerranking gleich einer Siegerehrung besprochen wird, zeigt aber auch, dass Schnabelstedt mit der Suche nach Anerkennung keinen Einzelfall darstellt.

als Individuum entwerfen und sich daher viel mit sich selbst als Person auseinandersetzen, kann sich Schnabelstedt daher nicht durchsetzen.

Später wird gezeigt, dass sich auch Müller in der 10B nicht behaupten kann (vgl. FJG 00:29:25-000:30:34). Auch ihm werden Streiche gespielt, weshalb er, wie auch Schnabelstedt zuvor, den Unterricht vorzeitig verlässt. Müller verhält sich insgesamt trotz der Angriffe ruhig. Er zeigt durch Gestik und Mimik Wut, signalisiert aber auch, dass er die Fassung wahren will.

> M: (*ruhig, aber wütend*) Denkt ihr, ich heule jetzt? Scheiß Kinder. (*geht zum Pult, wirft das Klassenbuch darauf, setzt sich, schlägt das Buch auf*) Mal gucken, wer ihr Wichser seid. (*blättert in dem Buch, schaut auf*) Chantal Ackermann? (*alle Mädchen melden sich, Müller nickt, schließt kurz die Augen, atmet hörbar aus*) Okay, ich gehe jetzt eine rauchen, bevor ich einem von euch auf die Fresse haue.
>
> (FJG 00: 29:43-00:30:05)

Hier zeigt Müller tatsächlich die Absicht, sich affektiv-neutral zu verhalten. Hierbei handelt es sich allerdings um seinen eigenen Anspruch. Er möchte die Schülerinnen nicht durch affektive Handlungen glauben lassen, sie hätten den Machtkampf gewonnen.

Spannend an der Szene ist aber weniger Müllers Umgang mit den Provokationen der Schülerinnen und Schüler, als der Umstand, dass diese überhaupt stattfinden. Es wird deutlich, dass die Streiche personenunabhängig, den Lehrerinnen und Lehrern in ihrer Funktion gelten – dies ist eine Einsicht, die Schnabelstedt fehlt. Müller sieht sich selbst nicht als Lehrer, er hat gar nicht die Absicht, mit den Schülerinnen und Schülern Unterricht zu machen, sondern will mit ihnen wahrscheinlich ebenso wie in der zuvor gezeigten Unterrichtssituation Filme schauen. Das Verhalten der Schülerinnen und Schüler richtet sich somit gegen das institutionalisierte Schulsystem an sich. Dies ist auch der Grund dafür, dass sich Schnabelstedt im Umgang mit den Schülerinnen und Schülern nicht auf ihre Amtsautorität, die einzige Autorität welcher sie sich bewusst ist, berufen kann. Sie ist durch die gesamtgesellschaftliche Wahrnehmung geschwächt und kann daher nicht als alleinige Grundlage für Autoritätsansprüche genutzt werden.

Seine Aufgabe sieht Müller darin, durchzusetzen, dass die Schülerinnen und Schüler pünktlich zum Unterricht erscheinen und sich während der Unterrichtsstunde ruhig verhalten – um zumindest nach außen hin den Schein zu wahren, er käme seinen Aufgaben als Lehrer nach. Die Autorität, um sein Anliegen durchzusetzen, schöpft er einerseits daraus, dass er sich selbst, seines Alters und seiner Lebenserfahrung wegen als Autorität auffasst (dies ist seine persönliche Autorität), und andererseits aus der Postulierung seiner Gewaltbereitschaft und körperlichen Überlegenheit (,körperliche' Sachautorität).

Müller kommt in die Klasse, nur wenige Schülerinnen und Schüler sind da. Auf Nachfrage antworten die verbliebenen, die anderen Schülerinnen und Schüler seien draußen, weil sie keine Lust auf den Unterricht hätten. Daraufhin klettert Müller mit einem Paintball-Gewehr bewaffnet durch das Fenster nach draußen, schießt die auf dem Sportplatz rauchenden Schülerinnen und Schüler ab und fordert sie auf, in die Klasse zu kommen. Als alle auf ihren Plätzen sitzen und betreten schauen, spricht er zu der nun ruhigen Klasse.

M:	Damit wäre geklärt, wer hier das Kommando hat. In Zukunft bewegt ihr eure Ärsche hier rein, wenn's klingelt und fallt nicht mehr unangenehm auf.
C:	Und jetzt? Wir haben eh keine Hausaufgaben gemacht.
M:	(*öffnet die Arme und lässt sie sinken*) Das ist mir doch scheiß egal. (*setzt sich auf das Pult*) Du sitzt in der Klasse, alles andere ist nicht mehr mein Problem. So, hier ist der Deal: In ein paar Wochen fliegt ihr eh alle, bis dahin will ich meine Ruhe haben. Ihr seid die Loser-Klasse. Alle lästern über euch im Lehrerzimmer. Ich kann mit euch machen, was ich will. Interessiert keinen. Ihr seid Abschaum. Und jetzt Fresse halten und sitzen bleiben, bis die Stunde vorbei ist.

(FJG 00:32:37-00:34:04)

Müller setzt so elementare Unterrichtsstrukturen durch und wirkt damit ohne es zu wissen im Sinne der Sozialisationsfunktion der Schule. Dabei greift er nicht auf erlerntes Wissen über die Funktionsweise von Unterricht zurück, sondern auf eigene Erfahrungen. Er reproduziert seine Vorstellung von Unterricht, wenn auch nur im formalen Sinne. Auch hier verdeutlicht Müller allerdings wieder, dass seine Forderungen aus persönlichen Beweggründen gestellt werden („bis dahin will *ich meine* Ruhe haben"), er distanziert sich damit erneut davon, als Organ der Institution Schule zu agieren.

Der Sprechakt zeigt darüber hinaus eine Form der direkten emotionalen Sanktionierung. Müller greift die Selbstachtung der Schülerinnen und Schüler an, als er sie als „Loser-Klasse" deklariert und angibt, alle Lehrerinnen und Lehrer würden über sie „lästern" und daher auch kein Interesse an ihnen zeigen. Müller spricht damit u. a. das Leistungsprinzip an: Wenn es eine „Loser-Klasse" gibt, muss es im Umkehrschluss auch eine „Winner-Klasse" geben. Es wird die Idee einer schulinternen Leistungshierarchie formuliert, wobei nicht jede Schülerin und jeder Schüler selbst nach individueller Leistung, sondern die Klasse als Gemeinschaft der Individuen bewertet wird. Es wird aber auch ein Zusammenhang zwischen Leistung und sozialer Integration verbalisiert: Weil die Schülerinnen und Schüler das untere Glied der schulinternen Leistungshierarchie darstellen, werden sie von den Lehrerinnen und Lehrern auch menschlich nicht geachtet – und deswegen auch nicht vor Müllers Diskreditierungen geschützt. Zwar wird mit dieser Vorstellung das Ideal der Leistung als Grundlage für Anerkennung und Lohn verdeutlicht, doch auch das Prinzip der affektiven Neutralität negiert. Müller formuliert eine kausale Verknüpfung zwischen emotionaler Abneigung gegenüber den Schülerinnen und Schülern und der Ablehnung des staatlichen Schutzauftrages. Demnach wird nicht universalistisch gehandelt. Auch charakterisiert er damit die Lehrer-Schüler-Beziehung nicht als spezifische Sozialbeziehung. Dies wird insbesondere durch das Bild der lästernden Lehrerinnen und Lehrer verdeutlicht: Lästern ist ein affektiver Akt, welcher selbsterhöhend und gruppenstärkend wirkt und unter Wahrung affektiver Neutralität nicht möglich ist. Müller charakterisiert Lehrerinnen und Lehrer damit als Menschen mit eigener sozialer Gruppenzugehörigkeit und nicht als funktionelle Akteure der Institution Schule. Müller distanziert sich von dieser Gruppe der lästernden Lehrerinnen und

Lehrer und verbalisiert seine Gleichgültigkeit gegenüber den Schülerinnen und Schülern. Er selbst wird somit tatsächlich zum Vorbild affektiver Neutralität.

Müller, der den Schein des Unterrichts durch formale Kriterien aufrecht erhält, schafft so mehr Berührungspunkte mit dem universalistisch-unpersönlichen Leistungsprinzip als Schnabelstedt, welche sich selbst in dem institutionalisierten Korsett des Schulalltags nicht einzufinden scheint. Sie sieht in den Schülerinnen und Schülern nicht nur die spezifischen Aspekte ihrer Schülerrolle, sondern unabhängige Individuen und behandelt diese auch als solche. Es scheint, dass sie die Autonomie und Individualität der Schülerinnen und Schüler so sehr respektiert, dass sie diese nicht durch erzwungene unterrichtliche Strukturen beschneiden will. Sie legt dabei nicht nur Wert auf die Persönlichkeit (i. S. von Personenhaftigkeit im Gegensatz zur Funktion) der Schülerinnen und Schüler, sondern auch auf ihre eigene. Sie erzeugt damit keine spezifische, sondern eine diffuse soziale Situation.

Schnabelstedt scheint ihre Aufgabe als Lehrerin insbesondere in ihrer Vorbildfunktion als gesellschaftlich integriertes Individuum zu sehen. Sie tadelt Umweltverschmutzung, verbessert die Grammatik ihrer Schülerinnen und Schüler wie Kolleginnen und Kollegen (zeigt damit eine gewisse Fachverbundenheit) und verkörpert so spießige Korrektheit. Die Normen der universalistisch-unpersönlichen Leistungsgesellschaft bleiben hiervon allerdings unberührt. Ihre Menschlichkeit sieht sie als ihre größte berufliche Stärke. Als sie nach der oben beschriebenen Sanktionierung Müllers die 10B betritt, um Kreide zu holen, deutet sie dies erstmals an:

S:	Das ist nicht pädagogisch wertvoll, was du hier machst. Die sehen traumatisiert aus. Und sag mal, was haben die da eigentlich im Gesicht?
M:	Die haben Namensschilder gebastelt und sich vollgeschmiert. Mach 'nen Abflug und erklär mir nicht, was die brauchen.
S:	(*wütend*) Ich kann mich sehr gut in die seelisch hineinversetzen, mein Lieber!
M:	Und wie machst du das? Subtrahierst den Stock im Arsch und addierst Facebook, oder was? (*zwei*

S: *Schüler lachen, zu diesen:*) Lach gefälligst über deine eigenen Witze! Austherapiert bist du auch nicht, oder? (*geht und knallt hinter sich die Tür zu, kommt dann noch einmal herein*) 'Tschuldigung, das war nicht in Ordnung. (*schließt die Tür leise von außen*)

(FJG 00:34:38-00:35:07)

Die Anmerkung, Müller handele nicht „pädagogisch wertvoll" erscheint als inhaltlich leere Floskel. Diese Vermutung bestätigt sich, als Schnabelstedt Müllers Praktiken nicht unter Verweis auf ihre Qualifikation anzweifelt, sondern als Argument ihr Einfühlungsvermögen nennt. Dabei ist dieses in der gezeigten Situation gar nicht von Belang. Dass sie ihre Stärke gerade in der sozialen Kompetenz sieht, wirkt aufgrund der zuvor beobachteten Defizite in der zwischenmenschlichen Interaktion fragwürdig. Die zweifelhafte Selbsteinschätzung greift auch Müller in seiner Beleidigung auf.

In einer anderen Szene zeigt sich, dass Schnabelstedt ihre Aufgabe als Lehrerin als persönliche Mission auffasst, welche sie auch in ihrer privaten Zeit beschäftigt. Das folgende Gespräch findet nach dem Unterricht beim gemeinsamen Essen von Schnabelstedt und Müller statt.

S: (*mit vollem Mund*) Mit Daniel musst du echt nochmal reden. Ich mach mir wirklich Sorgen. Ich hab deren Träume gesammelt, für die Zeitkapsel, die jeder Jahrgang auf'm Schulhof vergräbt, und da ist mir einiges Unschönes aufgefallen. Daniel und Burak, die wollen Kriminelle werden.
M: (*kauend*) Denkst du eigentlich nur an den Job?
S: (*zuckt mit den Schultern*) Wir haben die Verantwortung.
M: Es sind doch fremde Kinder.

[Unterbrechung durch weitere Figur]

S: Es gibt sowas wie einen pädagogischen Eid. Wir haben ne Berufsehre. Es ist doch schlimm genug, dass alle denken, Lehrer sind faul. Ich hab mir geschworen, den Unterschied zu

	machen. Und selbst wenn sie furchtbar sind... [Unterbrechung durch weitere Figur]
M:	Glaubst du echt, dass in jedem Schüler ein zartes Pflänzchen steckt und so einen Scheiß?
S:	Ich glaube, dass einige Kinder nicht gelernt haben, an sich zu glauben und nicht wissen, was falsch oder richtig ist. Und wenn wir es ihnen nicht vermitteln dann, keine Ahnung, landen sie im Gefängnis oder so.

(FJG 00:46:44-00:47:37)

Schnabelstedt formuliert hier tatsächlich in Ansätzen die Integrationsfunktion der Schule: Es ist Aufgabe der Schule, Werte und Normen des gesellschaftlichen Zusammenlebens, eben „was falsch und was richtig ist", zu vermitteln. Allerdings sieht sie diese Aufgabe in ihrem persönlichen Handeln und nicht in der Struktur der Schule als Institution verwirklicht. Schnabelstedt schreibt der Lehrkraft dabei eine hohe persönliche Verantwortlichkeit zu.

S: (*mit vollem Mund*) Mit Daniel musst du echt nochmal reden. Ich mach mir wirklich Sorgen.

Mit der Aufforderung, Müller solle das Gespräch mit Daniel suchen, um diesen davon zu überzeugen, seinen Lebensentwurf zu überdenken, fordert sie die Realisierung einer diffusen sozialen Situation, schließlich verlässt ein solches Gespräch die Zuständigkeit einer herkömmlichen Lehrer-Schüler-Beziehung. Müller würde nicht mehr als Lehrkraft, sondern als eine Art Lebensberater auftreten. Darüber hinaus verweist die Formulierung „Du musst echt nochmal mit Daniel reden" eher auf eine emotionale als auf eine affektiv-neutrale Beziehung zu Daniel – und zwar auf Sender- und Empfängerseite. Zum einen zeigt die Intensivierung „echt" eine gewisse Dringlichkeit auf Senderseite, zum anderen impliziert die Forderung, der Empfänger sei in der Position, die Person, mit welcher sie das Gespräch führen soll, nachhaltig zu beeinflussen. Wäre dies rein auf sachlicher Ebene möglich, müsste (unter Annahme, Sender und Empfänger haben eine vergleichbare Kompetenz, den Sachverhalt plausibel darzustellen) die Zuständigkeit für das Gespräch nicht delegiert werden.

> M: (*kauend*) Denkst du eigentlich nur an den Job?
> S: (*zuckt mit den Schultern*) Wir haben die Verantwortung.

Schnabelstedt bringt hier nicht nur zum Ausdruck, dass sie sich in der persönlichen Verantwortung für das Schicksal ihrer Schülerinnen und Schüler sieht, sondern auch dass diese Verantwortung permanent vorhanden ist und nicht mit Verlassen des Schulgebäudes endet. Der Beruf wird somit zum allumfassenden Lebensinhalt.

> S: Es gibt sowas wie einen pädagogischen Eid. Wir haben ne Berufsehre.

Tatsächlich gibt es den *Sokratischen Eid*, welchen Hartmut von Hentig formulierte. Er zeigt einen reformpädagogischen Ansatz und illustriert tatsächlich Schnabelstedts Haltung. Unter anderem wird gefordert:

Als Lehrer und Erzieher verpflichte ich mich,

- die Eigenart eines jeden Kindes zu achten und gegen jedermann zu verteidigen;
- für seine körperliche und seelische Unversehrtheit einzustehen;
- auf seine Regungen zu achten, ihm zuzuhören, es ernst zu nehmen;
- zu allem, was ich seiner Person antue, seine Zustimmung zu suchen, wie ich es bei einem Erwachsenen täte;

[…]

Damit verpflichte ich mich,

- so gut ich kann, selbst vorzuleben, wie man mit den Schwierigkeiten, den Anfechtungen und Chancen unserer Welt und mit den eigenen begrenzten Gaben, mit der eigenen immer gegebenen Schuld zurechtkommt,
- nach meinen Kräften dafür zu sorgen, dass die kommende Generation eine Welt vorfindet, in der es sich zu leben lohnt und in der die ererbten Lasten und Schwie-

rigkeiten nicht Ideen, Hoffnungen und Kräfte erdrücken[136]

Der Eid fokussiert tatsächlich die von Schnabelstedt gezeigte Menschlichkeit im Umgang mit den Schülerinnen und Schülern und eine allumfassende, bürgerliche Vorbildfunktion. Ohne dass der reformpädagogische Ansatz Hentigs an dieser Stelle weiter diskutiert wird, kann festgestellt werden, dass Schnabelstedt augenscheinlich die Lehrerrolle im eigenen Schulsystem zumindest kritisch zu sehen scheint. Sie bestätigt damit Rademachers Beobachtung einer Haltung deutscher Lehrkräfte, welche ein Unbehagen mit der eigenen Institution und folglich Identifikationsprobleme mit dieser und der eigenen Funktion zeigen.[137] Schnabelstedt distanziert sich folglich von anderen, ‚typischen' Lehrkräften (ein Verhalten, das auch Adorno beschreibt)[138]:

> S: Ich hab mir geschworen, den Unterschied zu machen.

– und rückt damit wieder sich selbst als Person in den Fokus. Die Distanzierung von der eigenen Institution stellt die Lehrkräfte dabei vor ein unlösbares Dilemma: Der eigene pädagogische Habitus steht im Widerspruch zu den Verpflichtungen als Vertreter der Institution Schule.[139]

3.2.2.3. Transformation der Figuren

Schnabelstedt und Müller wurden bis zu diesem Punkt im Film erzählerisch durch Gegenüberstellungen und Streitgespräche kontrastiert. Mit dem oben genannten Dialog wird eine Wendung eingeleitet. Schnabelstedts Einwand, ohne den positiven Einfluss von Lehrpersonen gerieten Jugendliche unter Umständen auf die schiefe Bahn, scheint Müller zu einem Umdenken zu bewegen. Er erinnert sich an die Erniedrigungen,

---

[136] Hartmut von Hentig: Die Schule neu denken. Eine Übung in pädagogischer Vernunft. Erweiterte Neuausgabe. Weinheim u. a.: Beltz 2003 (= Beltz Taschenbuch. Bd. 119 Essay). S. 258 f.
[137] Sandra Rademacher: Der Schulanfang im deutsch-amerikanischen Vergleich – Differenzen im beruflichen Habitus von Lehrern. In: Pädagogische Korrespondenz 19 (2006) H. 35, S. 39-51. S. 49.
[138] Vgl. Adorno: Tabus über den Lehrerberuf. S. 656 f.
[139] Vgl. Rademacher: Der Schulanfang im deutsch-amerikanischen Vergleich. S. 49.

die er als Schüler erfahren musste, und beschließt, mit der Klasse 10B einen Ausflug zu machen, bei dem er ihnen Beispiele gescheiterter gesellschaftlicher Integration vorführt (er besucht mit ihnen einen Drogenabhängigen, einen Neonazi und verwahrloste Hartz IV-Empfänger). Er folgt damit indirekt Schnabelstedts Aufforderung, auf emotionalem Wege Einfluss auf die Jugendlichen zu nehmen.

Doch auch bei Schnabelstedt setzt ein Wandel ein. Müller verhilft ihr zu Ansehen in der 10B, indem er mit ihr und den Schülerinnen und Schülern der Klasse ein Graffiti an einen Zug sprüht. Er gibt dabei an, dies sei Schnabelstedts Idee für ein Kunstprojekt gewesen. Als die Gruppe vor der Polizei fliehen muss, verstecken sich Müller und Schnabelstedt in einer Halle. Plötzlich scheint Schnabelstedt für Müller nicht mehr „erotisch neutralisiert".

M:	*(flüstert)* Okay. *(beide verlassen ihr Versteck, stehen sich gegenüber, schauen sich an)*
S:	*(lächelnd)* Das war aber nicht das erste Mal, dass du vor der Polizei weggerannt bist, oder?
M:	Hab mal 'ne CD geklaut.

Beide schauen sich gegenseitig lange von oben bis unten an und lächeln dabei.

(FJG 01:12:22-01:12:45)

Der kriminelle Akt führt dazu, dass sich Müller und Schnabelstedt erstmals gegenseitig als attraktive potentielle Partner wahrnehmen. Es wird ein Bezug zwischen Kriminalität und Körperlichkeit hergestellt. Auch bei Schnabelstedt wirkt die Situation positiv auf die erotische Wahrnehmung Müllers. Sie wendet sich damit von den zuvor gelebten Werten bürgerlicher Korrektheit ab.

Die Graffiti-Aktion trägt tatsächlich zur Akzeptanz Schnabelstedts bei den Schülerinnen und Schülern der 10B bei, wie in der darauffolgenden Sequenz des Unterrichtsbesuchs gezeigt wird.

Am nächsten Tag wird Schnabelstedt von den Schülerinnen und Schülern auf dem Gang freundlich begrüßt. Es wird die Lehrprobe in der 10B gezeigt. Die Schülerinnen und Schüler nehmen motiviert und mit Freude am Unterricht teil. Nach der Stunde bedankt sich Schnabelstedt bei Chantal und Daniel.

S: Äh, und warum wart ihr jetzt so nett?
C: Weil Sie und Herr Müller so süß zusammen sind, Frau Schnabelstedt. Können Sie zusammen kommen? Bitte, das wäre so geil!
S: Oh, bitte Chantal, es ist nicht immer alles geil.
D: Sie sind auch viel hübscher geworden in letzter Zeit. So, weil Sie tragen Ihre Haare offen (*S greift sich lächelnd an die Haare*) und ... voll schön und so.
S: (*lächelt, schüttelt dann den Kopf und schaut ernst*) Ja. ... Äh, ihr könnt froh sein, dass Höflichkeit und Privatsphäre keine LK-Fächer sind, und jetzt raus auf den Schulhof, ein bisschen laufen. (*C und D gehen, C steckt sich eine Zigarette in den Mund*) Äh, Chantal, machst du bitte die Zigarette nicht im Gebäude an?
C: (*nimmt die Zigarette aus dem Mund und lächelt S an*) Na gut.

Schnabelstedt schaut ihnen verwundert hinterher.

(FJG 01:13:04-01:14:45)

Auch hier wird wieder die Körperlichkeit Schnabelstedts angesprochen. Chantal nennt als Grund für die aktive Teilnahme an Schnabelstedts Unterricht den Wunsch danach, dass Müller und Schnabelstedt eine Beziehung eingehen. Damit spricht sie direkt das Privatleben der beiden Lehrkräfte an, welches sich außerhalb der Themenzuständigkeit der Schule befindet. Mit der Vorstellung einer Liebesbeziehung ist außerdem eine Vorstellung von Körperlichkeit verbunden, welche sich auch in Daniels Äußerung spiegelt:

D: Sie sind auch viel hübscher geworden in letzter Zeit. So, weil Sie tragen Ihre Haare offen (*S greift sich lächelnd an die Haare*) und ... voll schön und so.

Der Kontext der Äußerung lässt zwei Lesarten zu. Zum einen kann damit auf Chantals Bemerkung Bezug genommen werden, zum anderen ist sie aber auch als Antwort auf Schnabelstedts Frage möglich. Im ersten Fall wird impliziert, dass Schnabelstedt nun, da sie „hübscher geworden" ist, erst Müllers Zuneigung würdig ist. Diese Interpretation stärkt den bereits bei Chantals Äußerung beobachtbaren Fokus auf Müller. Die zweite Lesart klammert Müller aus der Argumentation aus, indem nur auf Schnabelstedts Körperlichkeit Bezug genommen wird. Daniel schreibt Schnabelstedt damit die bereits bei Müller beobachtete ‚körperliche Sachautorität' zu. Von Daniel nicht erwähnt, aber zu beobachten ist, dass Schnabelstedt auch ihre Brille nicht mehr trägt. Dass sie die Brille, ein Symbol für intellektuelle Tätigkeiten[140], zugunsten der Betonung ihrer körperlichen Darstellung ablegt, markiert eine Verschiebung vom Ideal des Geistes hin zur Körperlichkeit. Dennoch bemerkt Schnabelstedt (wenn auch mit einiger Verzögerung), dass die Schmeicheleien der Jugendlichen im schulischen Kontext, einer spezifischen sozialen Situation, nicht angemessen sind.

S: (*lächelt, schüttelt dann den Kopf und schaut ernst*) Ja. ... Äh, ihr könnt froh sein, dass Höflichkeit und Privatsphäre keine LK-Fächer sind, und jetzt raus auf den Schulhof, ein bisschen laufen.

Sie verweist damit wieder auf den Kontext der Schule und zeigt gleichzeitig mit der Aufforderung, die Jugendlichen sollten auf dem Schulhof „laufen" gehen, dass sie noch immer keinen altersgemäßen Umgang mit älteren Schülerinnen und Schülern beherrscht. Es wird wieder deutlich, dass ihr Intuition für die soziale Situation fehlt.

Eine Lockerung ihrer Wertevorstellungen zeigt sich in dem Umstand, dass sie nicht fordert, Chantal solle nicht rauchen, sondern lediglich die Zigarette nicht im Gebäude anzünden. Chantals Folgsamkeit,

---

[140] Nicht umsonst trägt auch Müller bei seinen ersten Auftritten als Lehrer eine Brille, welche er nicht zu benötigen scheint (er setzt sie auf, bevor er die Schule betritt und nimmt sie ab, wenn er den Klassenraum verlässt). Gerade die von beiden Figuren getragenen großen, dunkel gerahmten Brillen werden (trotz ihrer derzeitigen Popularität) mit dem Image des strebsamen Intellektuellen oder ‚Nerds' verbunden.

welche Schnabelstedt selbst überrascht, ist auf die körperliche Sachautorität zurückführen.[141]

Komplementär zu Schnabelstedts Verschiebung hin zum Ideal der Körperlichkeit zeigt sich bei Müller eine Auflösung der zuvor gezeigten affektiven Neutralität: Er übernimmt Schnabelstedts emotionale Beziehung zu den Schülerinnen und Schülern. Dies verdeutlicht er in einem Gespräch mit einer Freundin.

M:	Amerika ist gestrichen, ich kann jetzt nicht weg.
Freundin:	Aber nicht wegen mir, oder? *[es folgen irrelevante Ausführungen zur Beziehung der beiden]*
M:	Wegen den Dings hier. Kinder, Mann. Die haben keinen außer mir.
Freundin:	(*spöttisch*) Mir war gar nicht klar, dass das alles Vollwaisen sind.
M:	Ernsthaft jetzt, die sind maximal fixiert auf mich. Wie so ... wie so Küken, die nach der Geburt nur den Arsch ihrer Mutter vor Augen haben, und dem folgen die dann immer.
Freundin:	Und du bist der Arsch, dem die folgen?
M:	Genau.
Freundin:	Ein Arsch mit Herz quasi.
M:	(*lacht*) Halt's Maul und mach mir nen Bier.

(FJG 01:22:30-01:23:02)

Wie zuvor Schnabelstedt im Gespräch mit ihm verdeutlichte, empfindet nun auch Müller eine persönliche Verantwortlichkeit für die Schülerinnen und Schüler. Er steigert Schnabelstedts Anspruch, „den Unterschied" zu machen, d. h. sich von anderen Lehrkräften abzusetzen, sogar indem er ausdrücklich ausschließlich sich in der Position sieht, die Kinder und Jugendlichen beeinflussen zu können:

M:	Wegen den Dings hier. Kinder, Mann. Die haben keinen außer mir.
Freundin:	(*spöttisch*) Mir war gar nicht klar, dass das alles Vollwaisen sind.

---

[141] Eine persönliche Autorität scheint aufgrund der eigenen Verwunderung Schnabelstedts abwegig.

Er spricht damit auch den Eltern und der weiteren Familie der Schülerinnen und Schüler Verantwortung und Kompetenz ab. Dies fällt auch seiner Freundin auf, was sie in ihrem spöttischen Kommentar zum Ausdruck bringt. Müller verkauft sich ihr als einzige anerkannte Bezugsperson seiner Schülerinnen und Schüler.

> M: Ernsthaft jetzt, die sind maximal fixiert auf mich. Wie so... wie so Küken, die nach der Geburt nur den Arsch ihrer Mutter vor Augen haben und dem folgen die dann immer.

Mit diesem Bild vergleicht Müller seine Funktion noch einmal direkt mit der der Eltern. Er unterstellt den Schülerinnen und Schülern eine Fixierung auf seine Person. Er postuliert damit das Ideal einer diffusen Sozialbeziehung. Nicht seine spezifischen Merkmale, welche ihn als Lehrer ausmachen, befähigen ihn dazu, Zugang zu den Schülerinnen und Schülern zu finden, sondern er als Gesamtindividuum. Die Beziehung zwischen ihnen wird als auf Gefühlen beruhend charakterisiert. Die damit getroffene Beschreibung der Lehrer-Schüler-Beziehung als diffus und affektiv verhindert aber auch eine widerspruchsfreie Aufrechterhaltung einer universalistischen Leistungsorientierung. Dieser intuitiv nachvollziehbare Schluss wurde von Wernet bereits schlüssig begründet.[142]

Dass die von Müller eingegangene Beziehung zu seinen Schülerinnen und Schülern die Ausprägung einer diffusen Sozialbeziehung einnimmt und damit das Wertesystem der Schule zugunsten des der Familie aufgibt, wird sogar als Markierung des ‚Happy Ends' bildlich dargestellt und somit zum Ideal erhoben. Müller wird als Vaterfigur inszeniert.

> *Müller geht mit drei Schülern durch die Stadt. Einer der Jungen ist deutlich jünger als die anderen beiden.*
>
> S(m)1: Frau Gerster meint, dass wir Sie vielleicht nächstes Jahr kriegen, weil Sie jetzt immer die schlechten Klassen kriegen.
> M: Mal gucken.
> S(m)2: Schießen Sie dann auch mit Paintballpatronen auf uns?

---

[142] Wernet: Pädagogische Permissivität. S. 66 f.

M:	Vielleicht. Kommt drauf an, wie schlecht ihr seid.
S(m)1:	Ist das geil. Auf jeden Fall.

Sie kommen an eine Kreuzung. Der kleinere Junge will sie überqueren, Müller hält ihn am Arm zurück.

M:	Hey! Es ist rot!

Sie bleiben an der Ampel stehen und warten. Der kleine Junge nimmt Müllers Hand, dieser schaut ihn verwundert an, lächelt dann. Neben ihnen steht eine Frau mit einem Mädchen in ähnlichem Alter an der Hand. Sie lächelt Müller zufrieden zu. Er sieht sie irritiert an, lacht dann aber kurz auf, als sie wegschaut. Er lächelt. Gemeinsam überqueren sie die Straße. Die Szene ist unterlegt mit dem Lied „What I go to School for" von der Band Busted, *welches immer lauter wird.*

(FJG 01:38:30-01:39:05)

Zunächst illustriert die Szene, dass Müller sich nicht nur selbst eine Sonderposition zuschreibt, sondern diese auch von außen gespiegelt wird. Die Schulleitung scheint Müller für schwierige Klassen einsetzen zu wollen und auch die Schüler sind sich dieser Zuschreibung Müllers bewusst. Darüber hinaus artikulieren sie, dass sie Müllers unkonventionelle Methoden schätzen. Ihm wird damit eine besondere Position innerhalb der Schule zugeschrieben. Die ausdrückliche Austauschbarkeit des Lehrpersonals wird damit in Frage gestellt; Müller wird als Person und nicht als Funktion wahrgenommen.

Fraglich ist darüber hinaus die Darstellung einer eindeutigen Parallelisierung von Eltern- Kind- und Lehrer-Kind-Beziehung, wie sie in der Situation an der Ampel dargestellt wird. Als direkte Folge der Entscheidung Müllers für die Lehrertätigkeit wird diese Art der Beziehung als Sinnbild für eine erfolgreiche Lehrer-Schüler-Beziehung vorgestellt. Das Lied „What I go to School for", mit dem die Szene unterlegt ist, greift in seinem Text diese gefühlsabhängige Beziehung auf: Es wird die Liebesbeziehung zwischen einem Schüler und einer Lehrerin beschrieben.

> That's what I go to school for
> Even though it is a real bore
> Girlfriends I've had plenty
> None like Miss Mackenzie[143]

Die affektive Lehrer-Schüler-Beziehung wird damit unterstrichen und in gewissem Maße als Sinn der Teilnahme an schulischen Vorgängen legitimiert. Darüber hinaus kann der Text als Anspielung darauf verstanden werden, dass sich auch Müller in eine Lehrerin, nämlich Frau Schnabelstedt, verliebt hat, was seine Entscheidung, weiterhin als Lehrer zu arbeiten beeinflusst hat (der Grund, warum *er* zur Schule geht). Diffusität und Affektivität werden als erstrebenswerte und legitime Basis der schulischen zwischenmenschlichen Interaktion offenbart; das Wertesystem der Institution Schule damit diffamiert.

---

[143] Charles Robert Simpson u. a.: What I Go to School For. EMI Music Publishing, Kobalt Music Publishing Ltd., Sony/ATV Music Publishing LLC 2002. http://www.songtexte.com/songtext/busted/what-i-go-to-school-for-43d6a733.html (28.12.2017).

3.2.3. Ergebnis

Auf den ersten Blick zeigt der Film die Geschichte eines Kriminellen, welcher durch zufällige Verstrickungen den Weg zurück auf den rechten Weg bürgerlicher Werte findet. Dabei wird die Schule als Ort des Transformationsprozesses karikiert und einer ernüchternden Bilanz unterzogen: Die Lehrerinnen und Lehrer sind mit den Anforderungen ihres Berufs überfordert, sind süchtig nach der Anerkennung ihrer Schülerinnen und Schüler oder aber ihrer Kolleginnen und Kollegen und stellen durch ihre fragliche Alltagskompetenz gescheiterte Mitglieder der Gesellschaft dar. Müller, welcher sich durch seinen Realitätsbezug und die Nähe zu den Idealen seiner Schülerinnen und Schüler auszeichnet, wird zum Retter der Goethe-Gesamtschule. Es musste nur sein persönliches Interesse am Wohl der Kinder und Jugendlichen geweckt werden, schon wurde er zum perfekten Lehrer, der sogar der übermotivierten Referendarin Schnabelstedt noch etwas beibringen konnte: ‚Mach dich bei deinen Schülerinnen und Schülern beliebt, schon klappt es auch mit dem Unterricht.' Das Fazit des Films lautet damit: Wir brauchen Menschen statt Funktionen in unseren Schulen. Die Alltagskompetenz siegt über den Wert des Intellekts. Die ideale Schule wird zu einem Ort der Vorbereitung auf die pragmatische Handlungsfähigkeit im Alltag. Damit spiegelt der Film ungewollt den Zeitgeist der Gesellschaft wider, welche eine zweckgebundene Alltagsbildung fordert und den Sinn zweckfreier, umfangreicher Bildung der Schule negiert. Die Aussage des Films bereitet damit Nainas Tweet, welcher zwei Jahre später folgt, inhaltlich vor und vertieft das Legitimationsproblem der Institution Schule.

Dass sich auch Lehrerinnen und Lehrer sowie Lehramtsstudierende der Frage der typischen Schülerfrage „Wofür brauche ich das überhaupt" ratlos gegenüber sehen, zeigt, dass die Legitimationskrise auch vor den eigenen Reihen der Institution keinen Halt macht. Gerade diese Verunsicherung von innen heraus zeigt Schnabelstedt mit all ihren Konsequenzen. Da sie ihre Funktion, Vorbild für das universalistisch-unpersönliche Leistungsprinzip zu sein, nicht nur nicht wahrnimmt, sondern auch negiert, kann sie eigene Autoritätsansprüche vor sich selbst nicht legitimieren. Sie verliert damit Sach- und persönliche Autorität gegenüber ihren Schülerinnen und Schülern. Da das Ansehen der Institution Schule durch die Legitimationskrise bereits nachhaltig geschwächt ist, kann sie sich auch nicht unter Berufung auf ihre Amtsautorität behaupten.

Dabei versucht sie durchaus ein Vorbild für ihre Schülerinnen und Schüler zu sein – allerdings auf menschlich-emotionaler, d. h. affektiv-diffuser Ebene. Durch ihren eigenen Anspruch der Korrektheit und Repräsentanz gesellschaftlicher Werte kommt sie der Erfüllung ihrer funktionstheoretischen Aufgabe durchaus nahe. Doch indem sie die Beziehung zu ihren Schülerinnen und Schülern nicht unpersönlich, d. h. spezifisch und affektiv-neutral, gestaltet, verlässt sie das Wertesystem der Schule. Ihre Handlungen erscheinen damit widersprüchlich, ihr pädagogischer Habitus lässt sich mit der Handlungsanforderung der Lehrtätigkeit nicht vereinen. Diese Widersprüchlichkeit nehmen auch ihre Schülerinnen und Schüler wahr, für sie wirkt sie daher „komisch"[144]. Die Konsequenz ist, dass Schnabelstedt nicht als Autorität anerkannt wird. Als Lösung ihres Autoritätsproblems werden eine Rückbesinnung auf die Körperlichkeit und eine Lockerung der Wertevorstellungen präsentiert.

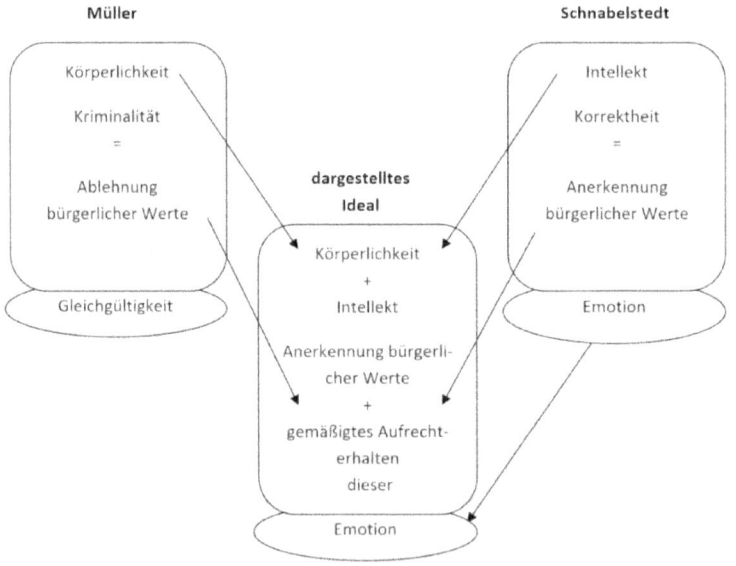

---

[144] Müller begründet Schnabelstedts ausbleibende Nominierung im Lehrer-Ranking: „Sie finden dich komisch, deswegen" (FJG 01:10:03-01:10:05).

Müller, welcher zunächst komplementäre Wertevorstellung lebt, steht Schnabelstedt als Gegenspieler gegenüber. Beide sehen sich zunächst der Klasse 10B, einem Beispiel jugendlicher Rebellion, hilflos gegenüber. Müller gelingt es dann aber durch Postulierung einer ‚körperlichen Sachautorität', zumindest elementare Strukturmerkmale von Unterricht durchzusetzen: Die Schülerinnen und Schüler erscheinen pünktlich zum Unterricht, verhalten sich ruhig und ordnen sich Müller unter. Unterricht in dem Sinne, dass Wissen vermittelt wird, findet bei ihm nicht statt. Schnabelstedt, die zuvor versuchte, mit der Klasse einen Text zu besprechen, ohne aber eben diese elementaren Strukturen von Unterricht durchzusetzen, scheiterte bei diesem Vorhaben. Müller ist somit mit Hilfe seiner Alltagskompetenz, welche auch vor Kriminalität nicht zurückschreckt, erfolgreicher bei der Durchführung von Unterricht als die Referendarin Schnabelstedt, welche ihr Examen mit der Note 1,0 bestanden hatte. Erst als Schnabelstedt ihre Wertevorstellung lockert und sich selbst in die Kriminalität begibt (sie stiftet sogar ihre Schülerinnen und Schüler dazu an!), gelingt es ihr, Strukturen unterrichtlicher Interaktion in der 10B durchzusetzen. Als auch Müller beginnt, sich für seine Schülerinnen und Schüler zu interessieren, macht er es sich, ganz nach Schnabelstedts Vorbild, zur persönlichen Aufgabe, ihnen zu einem erfolgreichen Schulabschluss zu verhelfen. Dafür beginnt er sogar, Schillers *Räuber* zu lesen und mit ihnen im Unterricht zu besprechen.

Die Wertevorstellungen der Figuren werden relativiert und zu einer jeweils gemäßigten Version zusammengeführt. Diese Synthese aus Intellekt und Körperlichkeit sowie gemäßigter Durchsetzung gesellschaftlicher Werte wird als Erfolgsrezept erfolgreicher Lehrtätigkeit präsentiert. Hinsichtlich der Lehrer-Schüler-Beziehung wird keine Relativierung vorgenommen. Die emotionale Bindung, welche Schnabelstedt zu realisieren versucht, wird aufrecht erhalten und von Müller übernommen. Gerade sein Wandel hin zu der Inanspruchnahme einer väterlichen Fürsorge, also das Ablegen der zuvor gezeigten affektiven Neutralität zugunsten einer gefühlsabhängigen Beziehung, markiert erzählerisch seine Entscheidung für die Lehrtätigkeit. Das Fazit des Films lautet somit: Die diffus- affektive Beziehung zwischen Lehrkraft und Schülerin bzw. Schüler bietet die Grundlage für erfolgreiches Lehren.

Dabei konnte gerade Schnabelstedts Ideal einer persönlichen Lehrer-Schüler-Beziehung als Ursprung ihres Autoritätsproblems herausgearbeitet werden. Das darin begründete Dilemma der Widersprüchlichkeit zum universalistisch-unpersönlichen Leistungsprinzip, welchem sie ihrer Funktion nach verpflichtet ist, wird nicht erkannt. Im Gegenteil, das Problem wird in ihrer spießigen Korrektheit gesehen und durch Relativierung dieser gelöst. Der letzte Satz des Films lautet dieser Forderung nach gelockerten Werteansprüchen folgend: „Elisabeth, jetzt entspann dich doch mal!" Somit wird die erzählte Geschichte weniger zur Schilderung des Wandels Müllers zum ‚neuen König der 10B', wie das Graffiti der ersten Einstellung vermuten ließ, sondern zur Geschichte der Transformation des spießigen ‚hässlichen Entleins' Schnabelstedt zur beliebten Lehrerin.

Da Spezifität und affektive Neutralität als Werte schulischer Organisation in dieser Darstellung einer schulischen Verbesserung verneint werden, kann auch das Ideal eines universalistischen Leistungsprinzips nicht aufrechterhalten werden. Eine universalistische Leistungsorientierung kann unter diffusen und affektbasierten sozialen Bedingungen nicht widerspruchsfrei realisiert werden. Das im Film präsentierte Ideal dekonstruiert das schulische Wertesystem und ist daher nicht mit der strukturtheoretischen Funktion von Schule vereinbar.

3.3. Der Hals der Giraffe

Der im Untertitel als *Bildungsroman* benannte Roman *Der Hals der Giraffe* von Judith Schalansky ist 2011 im Suhrkamp Verlag erschienen und wurde von Presse und Leserinnen und Lesern hoch gelobt. Das Buch wurde zum Bestseller.

3.3.1. Inhalt

Protagonistin des Romans ist die Lehrerin Inge Lohmark. Sie ist mit ihren 55 Jahren eine der ältesten im Kollegium des Charles-Darwin-Gymnasiums einer Kleinstadt im „vorpommerschen Hinterland". Ihre dreißigjährige Berufserfahrung macht sie zu einer routinierten Sport- und Biologielehrerin, welche mit den neuen Unterrichtsinhalten und -praktiken seit der Wende hadert. Das Gymnasium, an dem sie unterrichtet, soll in vier Jahren aufgrund fehlender neuer Schülerinnen und Schüler geschlossen werden; sie übernimmt zu Beginn der Handlung die Klassenleitung der letzten neunten Klasse, welche an der Schule das Abitur absolvieren soll. Die Klasse besteht nur aus 12 Schülerinnen und Schülern und wird von Lohmark gesiezt. Lohmark legt Wert auf ein distanziertes, professionelles Verhältnis zu Ihren Schülerinnen und Schülern und bemerkt kritisch, wie ihre Kolleginnen und Kollegen ein freundschaftliches Verhältnis zu ihren Schülerinnen und Schülern aufzubauen versuchen. Ihre Mitmenschen und deren Verhalten analysiert sie kühl und wissenschaftlich, ganz nach Art einer Biologin werden Eigenschaften und Triebe analysiert und kategorisiert. Sie wird mehrfach Zeugin davon, wie ihre Schülerin Ellen gemobbt wird, greift aber nicht ein, sondern schreibt dem Mädchen die Schuld zu, sich selbst in die Opferrolle zu bringen. Generell versucht sie, den Kontakt mit ihren Schülerinnen und Schülern auf ein Minimum zu reduzieren – nur eine Schülerin, Erika, erhält ihre Zuneigung. Auch im Privaten findet die Protagonistin keine Erfüllung. Mit ihrem Mann lebt sie in einer Zweckgemeinschaft; geredet wird kaum. Ihre Tochter, welche sie, noch in der DDR, selbst unterrichtet hat, lebt seit 12 Jahren in den USA und hält nur losen Kontakt. Lohmark leidet unter diesem distanzierten Verhältnis, Beziehungen zwischen Elternteil und Kind werden von ihr immer wieder thematisiert und in Frage gestellt. Als der Schulleiter von den Misshandlungen Ellens durch ihre Mitschülerinnen und Mitschüler erfährt, wirft er Lohmark ihr fehlendes Eingreifen vor und kündigt berufliche Konsequenzen für sie an.

Der Roman ist aktorial in der dritten Person aus der Sicht der Protagonistin Inge Lohmark geschrieben. Die personale Erzählsituation in Form der erlebten Rede ermöglicht der Leserin bzw. dem Leser direkten Einblick in ihre Gedanken. Man wird so Zeuge von Überlegungen über das menschliche Handeln aus der wissenschaftlich distanzierten Sicht einer Biologin. Diskutiert werden auf diese Weise die Funktion der Schule in einer Gesellschaft, deren Herrschaftsform sich radikal verändert hat, sowie die Frage nach Nähe und Distanz im Lehrberuf und im Privaten. Der Titel des Romans *Der Hals der Giraffe* wiederum thematisiert die (evolutionäre) Weiterentwicklung.

3.3.2. Analyse

Schalanskys Roman trägt den Untertitel *Bildungsroman*. Diese Gattungszuordnung wurde allerdings wiederholt von Kritikern in Frage gestellt.[145] Möglich ist, dass es sich bewusst um eine ironische Auseinandersetzung mit der Gattung handelt. Oder aber der Titel zeigt einen inhaltlichen Bezug: Es ist ein Roman über Bildung. Ohne die Gattungszugehörigkeit an dieser Stelle zu diskutieren, kann der Untertitel als Ausgangspunkt für eine Analyse genutzt werden. Schließlich wird durch ihn in jedem Fall eine Auseinandersetzung mit der Gattung evoziert. Bei einem Bildungsroman handelt es sich um

> die narrative Darstellung der Ausbildung eines individuellen Charakters in der konfliktreichen Auseinandersetzung mit der Realität.[146]

Eben diese „Ausbildung eines individuellen Charakters" bleibt in dem Roman aus. Lohmark predigt die Anpassung und Evolution, entzieht sich

---

[145] Vgl. Yvonne Delhey: Was heißt Bildung des Individuums? Judith Schalanskys Der Hals der Giraffe (2011). In: Der Bildungsroman im literarischen Feld: Neue Perspektiven auf eine Gattung. Hrsg. v. Elisabeth Böhm u. Katrin Dennerlein. Berlin/Boston: De Gruyter 2016. S. 283-301. S. 297.

[146] Helmut Brackert u. Jörn Stückrath: Literaturwissenschaft. Ein Grundkurs. 7., erw. und durchges. Aufl. Hamburg: Rohwolt Taschenbuch 2001 (=re 55523). S. 259 f.

selbst aber einer kritischen Reflektion ihrer starren Wertvorstellungen und eingespielten Handlungsalternativen. Im herkömmlichen Bildungsroman wird zwischen drei möglichen Ausgängen der Konfliktbewältigung unterschieden:[147]

- Versöhnung mit der Realität
- Unterwerfung des Individuums
- Scheitern/permanente Auseinandersetzung mit der Realität.

Der Hals der Giraffe zeigt eine Geschichte des Scheiterns der Figur Inge Lohmark in der Auseinandersetzung mit der Realität: Sie ist unglücklich im Privaten wie im Beruf und ist bei der Ausführung des letzteren zumindest aus Sicht des Schulleiters gescheitert. Die Erzählsituation erschwert die Analyse, da die subjektive Wahrnehmungen eigener Handlungen aus Sicht der Protagonistin beschrieben werden, und macht sie gleichzeitig sehr ergiebig und spannend. Die fixierte interne Fokalisierung lässt einen die erzählte Welt durch Lohmarks Augen sehen. Dennoch lassen sich an einigen Stellen widersprüchliche Gedanken nicht in Einklang bringen. Ideale und innerste Überzeugungen lassen sich bei Lohmark scheinbar nicht immer vereinen. Oftmals hat man den Eindruck, sie belüge sich selbst. Bei der Analyse gilt es, diese Unstimmigkeiten zu erkennen und kritisch zu hinterfragen.

Lohmark wird in ihrer Auseinandersetzung mit der familialen wie der schulischen Sozialstruktur charakterisiert und bietet daher gerade unter der Annahme, dass es sich hierbei um zwei konträre Systeme von Wertestrukturen handelt, viele Ansatzpunkte für eine Analyse der dargestellten Lehrerrolle. Wie verhalten sich bei ihr familiale zu institutionellen Wertstrukturen? Die Analyse folgt nicht dem Erzählverlauf, sondern ist so gegliedert, dass einzelne Wertvorstellungen und Ideale nacheinander untersucht werden. Welche Werte treten bei Lohmark in Konflikt? Markiert Lohmarks Annäherung an die Schülerin Erika einen Wandel der Wertvorstellungen, welcher doch die Gattungszugehörigkeit zum Bildungsroman rechtfertigt?

---

[147] Vgl. ebd.

3.3.2.1. Wahrnehmung der eigenen Aufgabe

Inge Lohmark scheint selbst kein positives Bild von Lehrkräften zu hegen. Entsprechend kritisch betrachtet sie ihre Kolleginnen und Kollegen und reflektiert das Schulsystem insbesondere vor dem Hintergrund des Regimewechsels. Ihre Überlegungen greifen dabei oftmals auf, was in dieser Arbeit bereits theoretisch diskutiert wurde.

So findet sich bei Lohmark der von Adorno formulierte Gedanke, dass sich Lehrkräfte außerhalb des „Mikrokosmus der Schule, der gegen die Gesellschaft der Erwachsenen mehr oder minder abgedichtet ist,"[148] nicht behaupten könnten.

> Aber Inge Lohmark gehörte nicht zu den Lehrern, die am Ende des Schuljahres einknickten, nur weil sie bald ihr Gegenüber verlieren würden. Sie hatte keine Angst davor, so ganz auf sich gestellt in die Bedeutungslosigkeit abzurutschen.[149]

Lehrerinnen und Lehrer sind dem Zitat nach über ihr Komplement, die Schülerinnen und Schüler, definiert. Lohmark unterstellt damit, dass Lehrkräfte außerhalb der Schule wirkungslos seien. Die Schule wird zum einzigen Lebensinhalt; wird sie verlassen, sind Lehrerinnen und Lehrer ohne Bedeutung. Dabei nimmt sie sich selbst von dieser Annahme nicht aus. Nur hat sie sich mit ihrer Bedeutungslosigkeit in der ‚Erwachsenenwelt' abgefunden und fürchtet diese daher nicht. Der Beruf wird zum Lebensmittelpunkt, um den sich alles Andere fügen muss. So nimmt Lohmark den Schuljahresbeginn im Sommer und nicht die Silvesternacht zum Anlass für Neujahrsvorsätze (vgl. HdG 10). Ihr Privatleben rückt in den Hintergrund des Schulalltags.

Doch diese Zentrierung um den Beruf macht Lohmark auch verletzbar. Es gibt keinen Ausgleich für sie außerhalb der Schule. Dementsprechend findet sie keine Kompensation für berufliche Misserfolge. Kränkungen im Beruf sind gleichbedeutend mit privaten Rückschlägen. Lohmark hat daher eine Strategie entwickelt, mit deren Hilfe sie sich selbst vor Enttäuschungen schützen kann: Sie distanziert sich von ihren

---

[148] Adorno: Tabus über den Lehrerberuf. S. 666.
[149] Judith Schalansky: Der Hals der Giraffe. 4. Aufl. Berlin: Suhrkamp 2013. S. 8. Im Folgenden zitiert mit der vorangestellten Sigle ‚HdG' und Seitenzahl in Klammern direkt im Fließtext.

Schülerinnen und Schülern und macht institutionelle Ordnung und Disziplin zur Handlungsgrundlage der Interaktion.

> Inge Lohmark ließ sich nicht mehr auslaugen. Sie war dafür bekannt, dass sie die Zügel anziehen und die Leine kurz halten konnte, ganz ohne Tobsuchtsanfall und Schlüsselbundwerferei. Und sie war stolz darauf. Nachlassen konnte man immer noch. Hier und da ein Zuckerbrötchen aus heiterem Himmel. (HdG 9)

Lohmark lässt sich nicht *mehr* auslaugen. Das heißt, sie hat durchaus in der Vergangenheit Engagement im Umgang mit den Schülerinnen und Schülern gezeigt. Doch hat dieses nicht zu den Ergebnissen geführt, die sie sich erhofft hatte, sonst hätte sie ihre Strategie nicht geändert. „Zügel anziehen" und „Leine kurz halten" sind Begriffe, welche der Tierhaltung entnommen sind. Der Vergleich scheint für Lohmark naheliegend: Die Schülerinnen und Schüler müssen gelenkt und geformt werden, obwohl diese Zähmung ihrem noch wilden Naturell widerspricht. Nicht umsonst vergleicht Lohmark die Züchtung mit der Erziehung: „Ausgewählte Merkmale werden betont. Und schlechte unterdrückt" (HdG 124).

Insgesamt zeichnet Lohmark kein gutes Bild von ihren Schülerinnen und Schülern. Für sie sind sie „Blutsauger, die einem jede Lebensenergie rauben" (HdG 9) und „natürliche Feinde" (HdG 202). In diesen Benennungen wird die von ihnen ausgehende Bedrohung für Lohmark deutlich. Doch ihre Feinde hat sie durch ihren strengen, erfahrenen Umgang im Griff. Lohmark scheint ihre eigenen Prinzipien und Gewohnheiten entwickelt zu haben, welche sie routiniert einsetzt. Damit meint sie ihren Kolleginnen und Kollegen, welche sich nicht anders zu helfen wissen, als zu schreien und mit dem Schlüsselbund zu werfen, um sich Gehör zu verschaffen, etwas voraus zu haben. Sie ist stolz auf ihre berufliche Routine. Disziplin und Strenge schützen sie vor der Bedrohung ihrer Selbstachtung durch ihre Gegenspieler. Dabei ist die Forderung nach Disziplin nicht gleichbedeutend mit der Erfüllung der beruflichen Aufgaben von Lehrkräften. Bei dem Versuch, diesen um jeden Preis nachzukommen, mache man sich verletzbar, so Lohmark.

> Die Kollegen kapierten einfach nicht, dass sie nur ihrer eigenen Gesundheit schadeten, wenn sie auf die Schüler eingingen. Dabei waren das nichts als Blutsauger, die einem jede Lebensenergie raubten. Sich von dem Lehr-

körper ernährten, von seiner Zuständigkeit und der
Angst, die Aufsichtspflicht zu verletzen. (HdG 9)

Die strikte Achtung der eigenen Zuständigkeiten und die Angst davor, beruflichen Aufgaben nicht ausreichend nachzukommen, werden als berufstypische Schwächen aufgefasst, welche von Schülerinnen und Schülern erkannt und ausgenutzt werden. Lehrkräfte machen sich in Lohmarks Augen angreifbar, wenn sie zu verbissen an Zuständigkeiten festhielten, welche den Rahmen des regulären Unterrichts verlassen. Lohmark hat diesen potentiellen verwundbaren Punkt der Berufsrolle erkannt, ihr Handeln entsprechend eingeschränkt und ist damit gerade ihren jüngeren Kolleginnen und Kollegen etwas voraus, so ihre Darstellung.

Als „Imponiergehabe ewiger Sitzenbleiber" (HdG 51) beschreibt Lohmark die Lehrtätigkeit ihrer Kollegen, ohne ihre eigenen Motive für die Berufswahl zu hinterfragen. Auf die Frage danach, warum sie eigentlich Lehrerin geworden sei, fällt Lohmark keine andere Antwort ein als die, dass ihre Eltern meinten, der Beruf passe zu ihr. Lehrerinnen und Lehrer wurden gesucht und sie brauchte einen Job, so ihre Erinnerung (HdG 170). Doch es scheint, dass auch Lohmark ganz bewusst den „Mikrokosmos Schule" nicht verlassen hat.

> Sie träumte immer wieder von ihrer Schulzeit. Vor allem von der Abiturprüfung. Wie sie dastand und ihr nichts einfiel. Und beim Aufwachen dauerte es immer eine Weile, bis ihr klar wurde, dass sie keine Angst zu haben brauchte. Sie war auf der anderen, der sicheren Seite. (HdG 23)

Die Erfahrung des unerwarteten Versagens in der Prüfungssituation scheint für Lohmark beinahe traumatisch gewesen zu sein. Im Umkehrschluss muss schulischer Erfolg für Lohmark einen hohen persönlichen Wert haben. Und tatsächlich sind Wissen und dessen Anwendung Lohmarks höchstes Gut, wie noch später ausführlich erläutert wird. Spannend an dem oben genannten Zitat ist, dass Lohmark ihre jetzige Position als Lehrerin im Gegensatz zu der der Schülerin als „sichere Seite" beschreibt. Sind in ihrer Wahrnehmung als Lehrkraft die Schülerinnen und Schüler blutsaugende Feinde, vor denen es sich zu schützen gilt, waren es zu ihrer Zeit als Schülerin die Lehrerinnen und Lehrer, von denen eine

Bedrohung ausging. Stellt dies nicht einen Widerspruch dar? Eine mögliche Erklärung für diese Machtverschiebung ist das von ihr anerkannte Prestigeobjekt Wissen. Da Wissen für sie einen so hohen Wert hat, verfügten Lehrerinnen und Lehrer für sie aus Schülerperspektive über eine hohe Amts- und Sachautorität.[150] Ihr Versagen in der Abiturprüfung war für sie eine Blamage vor den Prüfenden und sich selbst. Nun da sie Lehrerin ist, hat sie den Wissensvorsprung vor ihren Schülerinnen und Schülern. Sie ist in dieser Hinsicht auf der „sicheren Seite". Jedoch wird dieses Wissen von ihren Schülerinnen und Schülern nicht als Prestigeobjekt anerkannt. Sie fordern ihre Lehrerinnen und Lehrer nicht intellektuell, sondern erzieherisch. Doch hier sieht Lohmark keine Zuständigkeit für sich. Schlechte schulische Leistungen sind für sie gleichbedeutend damit, dass die Schülerinnen und Schüler „die Voraussetzungen dafür, ein vollwertiges, also nützliches Mitglied der Gesellschaft zu werden, einfach nicht mitbrachten" (HdG 11). Die Notwendigkeit sozialer Kompetenzen bleibt dabei unerwähnt, wohl aber nennt Lohmark die Vermittlung gesellschaftlicher Tugenden als Minimum schulischer Bildung, welche ihrer Meinung nach stärkerer institutioneller Forcierung bedarf.

> Bei manchen konnte man schon froh sein, wenn es einem gelang, ihnen ein paar grundlegende Tugenden anzutrainieren. Höflichkeit, Pünktlichkeit, Sauberkeit. Es war ein Jammer, dass es keine Kopfnoten mehr gab. Ordnung. Fleiß. Mitarbeit. Betragen. Ein Armutszeugnis für dieses Bildungssystem. (HdG 11)

Strukturtheoretisch ist sich Lohmark ihrer Funktion demnach teilweise bewusst. Ihre Aufgabe sieht sie darin, leistungsfähige Mitglieder der Gesellschaft zu schaffen. Dafür müssen den Jugendlichen gesellschaftliche Tugenden und Werte nahegelegt werden. Doch nicht nur die Integrations-, sondern auch die Legitimationsfunktion der Schule ist für sie offensichtlich. Gerade die Erfahrung der Änderung des Herrschaftssystems nach dem Zusammenbruch der DDR macht sie sensibel für die subtile Herrschaftslegitimation.

---

[150] Es wird mehrfach Lohmarks Vergangenheit als Kind und Jugendliche wie auch als junge Lehrerin in der DDR thematisiert. Oftmals wird impliziert, dass Lohmark dem alten Schulsystem der DDR nachtrauert. Sicherlich wäre daher für eine genauere Untersuchung eine Analyse vor dem Hintergrund des Schulsystems der DDR hilfreich. Diese kann an dieser Stelle allerdings aus Gründen des begrenzten Umfangs der Arbeit nicht durchgeführt werden.

> Es war doch alles die gleiche Chose. Man nehme demokratisch und frei und ersetze es durch sozialistisch. Raus kam immer die Bildung von allseitig entwickelten Persönlichkeiten. Im Mittelpunkt stand angeblich immer der Mensch. [...] Allein die Schulpflicht. Das war ein staatlich organisierter Freiheitsentzug. Ausgeheckt von der Konferenz der Kultusminister. Es ging gar nicht um Wissensvermittlung. Sondern darum, die Kinder an einen geregelten Tagesablauf und die jeweils vorherrschende Ideologie zu gewöhnen. Das war Herrschaftssicherung. (HdG 150-151)

Sichtbar wird, dass Lohmark ihre Funktion nüchtern und sachlich wahrnimmt. Sie ist frei von dem Idealismus, persönlichen Einfluss auf ihre Schülerinnen und Schüler nehmen zu können und die Gesellschaft dadurch zu einer besseren zu machen. Ihr ist bewusst, dass die institutionell gesicherten Elementarstrukturen der Schule den wesentlichen Teil zum Sozialisationsprozess der Jugendlichen beitragen. Dass die Wissensvermittlung dabei in den Hintergrund gerät, obwohl diese nach außen hin gemeinhin als Hauptaufgabe der Schule angesehen wird, bemerkt sie nicht ohne Enttäuschung. „Es ging gar nicht um Wissensvermittlung", stellt sie fest und lässt damit vermuten, dass sie diese Erkenntnis zu spät erreicht hat. Lohmark ist in die Falle der Außenwahrnehmung der Schule getappt: Obwohl nach außen hin Wissensvermittlung propagiert wird, ist es nun ihre Aufgabe als Lehrerin, zu erziehen und ein gesellschaftliches, ihren Ausführungen nach, politisches Vorbild zu sein. Dabei war dies nie ihre Intention. Sie wollte eigentlich nur lehren. Resigniert stellt sie dann aber fest, dass dies „gar nicht" ihre Funktion ist.

Lohmark hat ihren eigenen Weg gefunden, mit dieser Enttäuschung umzugehen. Sie macht das Ideal der Leistungsoptimierung zum obersten Ziel ihres Schaffens. Und wer nicht genug leistet, gehört ausgesondert. Sie genießt es förmlich, die Selektionsfunktion der Schule ausleben zu können.

> Je später man einen Versager loswurde, desto gefährlicher wurde er. Fing an, seine Mitmenschen zu bedrängen und unberechtigte Forderungen zu stellen: nach vorzeigbaren Abschlussnoten, einer positiven Beurteilung, womöglich sogar nach einem gut bezahlten Arbeitsplatz und einem glücklichen Leben. Das Resultat langjähriger Unterstützung, kurzsichtigen Wohlwollens und fahrlässiger Großherzigkeit. (HdG 11-12)

Leistungen müssen also selbstständig, ohne Unterstützung anderer, erbracht werden. Gleichzeitig sind die erbrachten Leistungen die Grundlage für ein „glückliches Leben": Das Bild einer universalistisch-unpersönlichen Leistungsgesellschaft wird von Lohmark damit nachgezeichnet: Jede und jeder ist für ihren und seinen Erfolg selbst verantwortlich. Erfolg und persönliche Zufriedenheit sind von Leistung abhängig. Wer keine Leistung erbringt, versagt als Mitglied der Gesellschaft und hat keinen Anspruch auf ein glückliches Leben. Auffällig ist hierbei die Verknüpfung von schulischer Leistung, finanziellem Wohlstand durch einen gut bezahlten Beruf und einem „glücklichen Leben". Glücklich ist demnach nur, wer durch vorangegangene schulische Leistungen eine Anstellung hat, die finanziellen Wohlstand bedeutet.

Dass diese Einteilung in Gewinner und Verlierer des Schulsystems die Allokationsfunktion der Schule nicht erfüllen kann, scheint Lohmark nicht zu stören. Die Sozialstruktur der Gesellschaft beruht nicht auf einer solchen Zweiteilung, sondern baut gerade auf die vielschichtigen Abstufungen der schulischen Leistungen auf. Inhalt der Selektionsfunktion ist nicht nur die Auswahl, sondern auch die Verteilung. Diesen Aspekt scheint Lohmark nicht zu beachten.[151]

3.3.2.2. Körper oder Geist?

Lohmark wirkt kalt und zynisch. Sie genießt die Macht, die ihr vermeintlich durch ihren Beruf gegeben ist. Die Macht, über das Schicksal ihrer Schülerinnen und Schüler zu entscheiden. Dennoch macht sie von dieser nur bedingt Gebrauch. Sie wird nicht bei jeder Gelegenheit disziplinierend tätig. Sie greift nicht ein, als Ellen von ihren Mitschülerinnen und Mitschülern gemobbt wird, und auch nicht, als die Zehntklässler verbotenerweise auf dem Schulhof rauchen. Dabei wären beides Gelegenhei-

---

[151] Fend distanziert sich in seiner Überarbeitung des Reproduktionsmodells 2006 aufgrund seiner Missverständlichkeit von dem Selektionsbegriff: „Ich spreche deshalb nicht von Selektion, da nicht die Ausschließung aus erwünschten Bildungslaufbahnen im Vordergrund stehen kann, sondern eine legitimierbare Allokation von Personen mit bestimmten Qualifikationen zu Aufgaben mit bestimmten Anforderungen." (Helmut Fend: Neue Theorie der Schule. Einführung in das Verstehen von Bildungssystemen. 2., durchges. Aufl. Wiesbaden: VS Verlag für Sozialwissenschaften 2008. S. 50.). Lohmark zeigt genau diese Vorstellung eines Ausschlusses schwacher Schülerinnen und Schüler.

ten, die eigene Macht zu demonstrieren. Warum greift Lohmark nicht ein, wenn sie doch die Demonstration und das Erleben der eigenen Machtposition wiederholt zu beschäftigen scheinen?

Ihre Macht sieht Lohmark auf dem Wissensprestige, ihrem Geist, begründet. Dementsprechend nutzt sie auch nur diesen als Machtinstrument. Wissen stellt keine Grundlage für die Disziplinierung antisozialen Verhaltens oder Nichtachtung des Rauchverbots dar. Hierbei handelt es sich um gruppendynamische Interaktionen und Regelverletzungen. Lohmark hat in diesen Bereichen keine wissensbasierte Handlungsgrundlage. Im Unterricht aber, wo die Anwendung von Wissen zum inhaltlichen Ziel wird, ist es Lohmark möglich, ihre Macht auszuleben. Wie nach einem selbstgeschriebenen Drehbruch inszeniert sie hier ihre Überlegenheit.

> „Nicht jeder Gedanke verdient es, artikuliert zu werden." Jetzt umdrehen. „Tabea, sollten Sie auf dem Gymnasium bleiben wollen, prüfen Sie bitte in Zukunft, ob Sie wirklich etwas Substanzielles zum Unterricht beizutragen haben." Mitten ins Gesicht. „Und zwar bevor Sie den Mund aufmachen." Immerhin war die jetzt mundtot. (HdG 135)

Lohmark genießt die Situation, sie ist sich der emotionalen Konsequenzen dieses Vortrags für die Schülerin durchaus bewusst. Sie will dort hin treffen, wo es weh tut; nämlich „mitten ins Gesicht." Tabeas Redebeitrag geringer Qualität markiert sie in Lohmarks Augen als „nicht nur dumm, sondern auch vorlaut" (HdG 134); Attribute, die Lohmarks Idealen widersprechen. Damit macht sich Tabea zu einem idealen Opfer für Lohmarks verbale Gewalt.

Die These einer Fixierung auf den Geist hat allerdings Lücken: Lohmark unterrichtet neben Biologie auch Sport. Hier kann in besonderem Maße der Leistungs- und Wettkampfcharakter der Schulsituation beobachtet werden. Allerdings kann im Sportunterricht nicht auf Wissen gesetzt werden. An die Stelle des Wissensprestiges tritt hier das Ideal der bedingungslosen Leistungsbereitschaft. An die Stelle verbaler Gewalt tritt eine subtilere: Die Verlierer, also diejenigen, die dem Leistungsideal nicht ausreichend verpflichtet waren, werden an die Tafel geschrieben. Sie müssen nach dem Unterricht die Geräte wegräumen (vgl. HdG 137). Das Wissensideal muss also auf ein Leistungsideal verallgemeinert werden. Dennoch sind Leistungen im Biologie- wie im Sportunterricht dem geistigen Ideal zuzuordnen. Für Lohmark ist Sportlichkeit keine körperliche, sondern eine geistige Leistung: Für sie wird hier sichtbar,

> wer willig war, all seine Interessen einem strikten Trainingsplan zu unterzuordnen. Wer über genug Demut und Disziplin verfügte, um sich irgendwann im Wettkampf durchzusetzen. (HdG 59)

Im Biologie- und im Sportunterricht sieht Lohmark ihre Aufgabe darin, „diffuse Neigungen in zweckmäßige Bahnen zu lenken" (HdG 59). Lohmark hat sich selbst den Geist zum Ideal gewählt und lebt dieses auch ihren Schülerinnen und Schülern vor. Körperlichkeit wird durch Wissen verdrängt. Lohmark zeigt durch ihre wiederholten fachwissenschaftlichen Ausführungen zum menschlichen Körper und die Analogien zum Tierreich, dass sie in der äußeren Erscheinung und den Handlungen eines Individuums nicht die Menschlichkeit, sondern die biochemischen Vorgänge sieht. Sichtbare Merkmale von Körperlichkeit werden auf das Wissen um deren Entstehung reduziert. Entsprechend findet Lohmark den Gedanken beunruhigend, Schülerinnen und Schüler könnten sehen, wie sich ihr Körper aufgrund von Alterung verändert.

> Alt blieb alt. Ihre Halbwertszeit hatte sie längst überschritten. Zum Glück. So blieb sie wenigstens davon verschont, sich vor ihren Augen merklich zu verändern. Ein beruhigender Gedanke. Sie hingegen würde diese Menschen aufwachsen sehen, wie sie andere hatte aufwachsen sehen. Und dieses Wissen machte sie mächtig. (HdG 18)

Eine Veränderung der äußeren Erscheinung zeigt einen hohen Bezug zur Körperlichkeit. Die eigene, aufgrund des Alters langsamere Veränderung des Körpers stellt für Lohmark eine Überlegenheit gegenüber der schnellen Veränderung der Heranwachsenden dar. Ihre eigene Körperlichkeit, eine Schwäche gegenüber dem Wert des Geistes, ist damit im Gegensatz zu der Körperlichkeit der Schülerinnen und Schüler nicht sichtbar. Das *Wissen* um diesen Sachverhalt verbindet Lohmark mit dem Gefühl von Macht. Die Schwäche ihrer „natürlichen Feinde" wird ihr Jahr um Jahr vor Augen geführt.

Dabei gibt Lohmark ihren Schülerinnen und Schülern durch die Wissensvermittlung durchaus die Chance, ihre Schwäche zu überwinden. Doch den Wert ihres Prestigeobjekts Wissen sowie Lohmarks Bereitschaft, den Wissensvorsprung gegenüber ihren Schülerinnen und Schülern zu verringern und so ihre Legitimation für die eigene Macht zu gefährden, erkennen sie nicht an. Sie sind für Lohmarks Einsatz nicht dankbar, wie diese resigniert feststellt.

> Sie waren zu jung, um die Bedeutung des gemeinsam erworbenen Wissens würdigen zu können. Dankbarkeit war nicht zu erwarten. [...] Sie würden alle eines Tages gehen. Und nur sie allein würde zurückbleiben, mit trockenen Händen vom Kreidestaub. (HdG 22)

Als Grund für die vermeintliche Verkennung des Wissensideals nennt Lohmark das Alter. Diese Begründung scheint aber eher ein Vorwand zu sein, um sich vor der wiederholten Enttäuschung zu schützen. Schließlich scheint Lohmark selbst als Schülerin bereits das Wissensideal verfolgt zu haben. Darüber hinaus nennt sie auch keine erwachsenen Figuren, welche das Ideal verinnerlichten. Ihren Kollegen unterstellt sie ja eben nicht Wissensvermittlung, sondern die Angst vor der Behauptung im ‚richtigen Leben' als Motiv für die Lehrtätigkeit (obwohl sie mit diesen im Lehrerzimmer fachliche Diskussionen führt!).

Spannend an dem oben genannten Zitat ist die Gegenüberstellung von Gemeinschaft und Einsamkeit. Die Schülerinnen und Schüler verkennen nicht nur das Ideal des Wissens an sich, sondern den Wert des „gemeinsam erworbenen Wissens". Anscheinend stellt die gemeinschaftliche Aneignung von Wissen für Lohmark noch einmal eine Wertsteigerung dar. Dabei wird der Prozess der gemeinsamen Wissensaneignung hervorgehoben: Es geht hier nicht um das gemeinsame Wissen als Basis der Gemeinschaft, sondern darum, dass dieses *gemeinsam erworben* wurde. Die Tätigkeit des Lernens hat demnach für Lohmark einen gesteigerten Wert. Dies ist unter Annahme der formulierten These des Leistungsideals wenig verwunderlich. Die aktive Leistung, sich Wissen anzueignen, ist die Paradedisziplin des Geistes. Wieso aber wird die gemeinschaftliche Tätigkeit noch einmal in besonderem Maße hervorgehoben? Lohmark sieht sich allein der Gemeinschaft von Schülerinnen und Schülern gegenüber. Sie *alle* würden eines Tages *nur sie allein* zurücklassen. Hinter ihrem Schutzwall aus Rationalität verbirgt sich augenscheinlich das tiefe Gefühl von Einsamkeit. Mit ihren Kolleginnen und Kollegen verbindet sie kein Gefühl von Gemeinschaft. *Nur sie allein* steht der Gruppe von Schülerinnen und Schülern, ihren Antagonisten, welche sie aber doch zur Selbstidentifikation braucht, gegenüber. Und schließlich wird sie von diesen *zurückgelassen*. ‚Zurücklassen' bedeutet gleichzeitig ‚nicht mitnehmen' – Lohmarks Enttäuschung über das Fortziehen der Schülerinnen und Schüler impliziert den Wunsch danach, mitgenommen zu werden, Teil der Gemeinschaft zu sein – die Schule wie jede und jeder andere, die oder der nicht den Lehrberuf gewählt hat, auch zu verlassen? Die eingangs formulierte Darstellung der eigenen Furchtlosigkeit vor der „Bedeutungslosigkeit" außerhalb der Schule kann nicht aufrecht erhalten werden. Schon zum zweiten Mal wird deutlich, dass Lohmark sich selbst belügt.

> Anfangs noch der Wunsch, in ihr Gelächter miteinzustimmen. Die Seiten zu wechseln. Dazuzugehören. Aber sie lernte schnell. Man musste sich einen Namen machen. Flucht nach vorn. Denn sie würde immer da stehen vor der Tafel, vor der Klasse, allein. […] Unentwegt lagen sie auf der Lauer, waren nur darauf aus, einen scheitern zu sehen. […] Das Allerwichtigste war, gleich zu Beginn streng zu sein. Nachlassen konnte man immer noch. […] Keine Ausnahmen. Keine Lieblinge. Unberechenbar bleiben. Schüler waren natürliche Feinde. (HdG 202)

Lohmark weiß, dass sie der Gemeinschaft der Schülerinnen und Schüler als Lehrerin immer gegenüber stehen wird. Eine Vergemeinschaftung mit ihnen ist nicht möglich, dabei wünscht sie sich diese eigentlich. Der Preis der „sicheren Seite" ist die Einsamkeit. Und so hat sich Lohmark durch Strenge und die Inanspruchnahme des Wissensprestiges eine Strategie angeeignet, welche sie vor der wiederkehrenden Enttäuschung des Verlassenwerdens schützt. Die Solidarisierungsbestrebung mit der Schülerschaft wird umgekehrt: Schülerinnen und Schüler werden zu „natürlichen Feinden" ernannt.

3.3.2.3. Wertvorstellungen

Die bisherige Analyse hat gezeigt, dass sich Lohmark ihrer strukturtheoretischen Funktion als Lehrerin zumindest teilweise bewusst ist: Sie weiß um die Integrations- und Legitimationsfunktion der Schule und stellt für sich auch den Zusammenhang zwischen schulischer Leistung und sozialem Status her. Dass ihre Auffassung der Selektionsfunktion problematisch ist, wurde bereits erläutert. Ist Lohmark damit ein Vorbild des universalistisch-unpersönlichen Leistungsprinzips? Wo treten Konflikte auf und welche Rolle spielt dabei ihr eigenes Wissensideal?

Bereits in der bisherigen Analyse wurden Anhaltspunkte für unzuverlässiges Erzählen gefunden. Nur weil wir durch die Darstellung in Form der erlebten Rede scheinbar Zugang zu Lohmarks Gedanken haben, bedeutet dies nicht, dass diese auch glaubhaft sein müssen. Lohmark widerspricht sich selbst, sie scheint sich zu belügen. Schalansky hat eine komplexe Figur geschaffen, die nicht leicht zu erfassen ist. Bei der Analyse von Lohmarks Wertvorstellungen gilt es also insbesondere, mögliche Widersprüche zu erkennen und zu hinterfragen.

Wird die Wertstruktur einer universalistischen, affektivneutralen und spezifischen Leistungsorientierung innerhalb der Institution Schule nicht Aufrecht erhalten, kommt es zu Widersprüchen und Konflikten, so ein Ergebnis der vorangegangenen Analyse. Daher wird im Folgenden systematisch Lohmarks Agieren und Denken vor dem Hintergrund der Variablenpaare untersucht. Da die jeweiligen zugeordneten Variablenpaare der beiden Ebenen (Ebene der Wertorientierung und Ebene der motivationalen Orientierung) jeweils korrelieren, werden diese im gemeinsamen Zusammenhang untersucht. Wo können Ursachen für Konflikte gefunden werden?

3.3.2.3.1.   Ebene der Wertorientierung

Der Ebene der Wertorientierung der Parson'schen *pattern variables* sind die Variablenpaare *Universalismus/Partikularismus* und *achievement/ascription* zugeordnet. Zur Erinnerung: Das erstgenannte Variablenpaar beschäftigt sich mit der Frage nach der Handlungsorientierung bezüglich des Individuums, das ‚behandelt' wird: Wird dieses als Ausprägung einer allgemeinen Gruppe erkannt und entsprechend allgemeiner Kriterien im Umgang mit dieser Gruppe behandelt, liegt eine universalistische Wertorientierung vor.[152] Wird das Individuum aber für sich, d. h.

---

[152]   Vgl. Wernet: Pädagogische Permissivität. S. 65.

in seiner Individualität und persönlicher Besonderheit, wahrgenommen, handelt es sich um eine partikularistische Wertorientierung. Maßgeblich für die Entscheidung der Variablenausprägung ist die Frage nach vorliegenden Generalisierungsprozessen.[153] Das Variablenpaar *achievement/ascription* beschäftigt sich mit der Frage nach dem Ursprung einer Statuszuschreibung. Wird ein sozialer Status vom Individuum durch eigene Leistung erworben oder auf Grundlage anderer Kriterien wie zum Beispiel der Herkunft zugeschrieben?[154]

Lohmarks Wertorientierung scheint leicht zu beantworten. Da das Leistungsideal für Lohmark einen sehr hohen Wert hat, liegt eine achievement-Orientierung nahe. Lohmark hält nichts von pädagogischen Ermessensgründen für Noten. Zensuren werden nach allgemeinen, universalistischen Kriterien vergeben; Leistung stellt die einzige Grundlage für gute Noten dar. Eine Verbesserung von Zensuren beispielsweise zum Zwecke der Motivation verurteilt sie scharf, dies ist für sie „eine Inflation guter Noten, der Hochverrat am Prädikat *sehr gut*" (HdG 9). Deutlich wird, welchen Stellenwert eine sehr gute Note für Lohmark hat: Es handelt sich um eine Auszeichnung, welche in Gefahr steht, durch häufige Vergabe an Wert zu verlieren. Der Auszeichnungscharakter der Note ‚sehr gut' und die Verneinung der pädagogischen Funktion der Notenvergabe führen zu einer Verschiebung der Zensurenfunktion weg von der Selektions- und Motivationsfunktion hin zum reinen Selbstzweck. Noten stellen für Lohmark keinen Baustein der gesellschaftlichen Sozialstruktur dar, sondern verkommen zum Ausdruck der Anerkennung des Prestigeobjekts Wissen – und damit zur Messlatte für die individuelle Anerkennung der Schülerinnen und Schüler durch Lohmark. Entscheidend ist dabei für Lohmark nicht der Leistungswille, denn dieser sei von jedem Individuum naturgemäß zu erwarten.

> Es war ganz einfach. Je mehr Leistung man ihnen zumutete, desto mehr leisteten sie. Der Leistungswille lag nun mal in der Natur des Menschen. Und den Naturgesetzen war nicht zu entkommen. Nur der Wettbewerb hielt uns am Leben. An Überforderung war noch niemand gestorben. Wohl aber an Langeweile. (HdG 105)

---

[153] Vgl. ebd.
[154] Vgl. ebd.

Hierbei wird zweierlei deutlich: Zunächst kann eine universalistische Wertorientierung vermutet werden. Schließlich schreibt Lohmark allen Mitgliedern der Gruppe ‚Schülerinnen und Schüler' die Fähigkeit zu, Leistungen zu erbringen. Entsprechend behandelt sie sie auch gleich, indem sie von ihnen allen das gleiche Maß an Leistung fordert. Dies wird auch deutlich, als Lohmark Dyskalkulie und Legasthenie, als „angelesene Entwicklungsstörungen" (HdG 11) abtut und nicht als Grund für einen angepassten Bewertungsmaßstab anerkennen will. Jeder könne die gleiche Leistung erbringen, so ihr Fazit, das sei „alles nur eine Frage des Willens" (ebd.). Nicht der Leistungswille an sich oder die Leistung nach individuellen Möglichkeiten und Fähigkeiten zählen für sie also, sondern nur die tatsächlich erbrachte Leistung nach universalistischen Kriterien. Gleichzeitig wird der Wettbewerb als Leistungsmotivation betont und damit ein Vergleich erbrachter Leistungen angeregt. Eine achievement-Orientierung wird nahegelegt.

Jedoch hält Lohmark diese nicht aufrecht. Wurde einmal eine Leistungsbewertung getroffen, teilt sie die Schülerinnen und Schüler in Gewinner und Verlierer des Leistungssystems ein. Und den Verlierern wird keine Chance auf Entwicklung zugesprochen.

> Es lohnte einfach nicht, die Schwachen mitzuschleifen. Sie waren nur Ballast, der das Fortkommen der anderen behinderte. (HdG 11)

Lohmark teilt damit die Gruppe der Schülerinnen und Schüler in Untergruppen aus schwachen und starken Schülerinnen und Schülern ein. Die schwachen werden nicht anerkannt, sie stellen für Lohmark ein Hindernis für die Leistungsentwicklung der starken Schülerinnen und Schüler dar. Während den ‚Starken' ein Recht auf „Fortkommen" zugesprochen wird, wird dieses den „Schwachen", dem statischen „Ballast", nicht zugesprochen. Lohmark hält den universalistischen Leistungsmaßstab also nicht aufrecht. Zwar bildet die neue Einteilung in Gruppen wieder einen Generalisierungsvorgang, welcher Grundlage für Lohmarks Handeln innerhalb der Untergruppen darstellen kann, jedoch löst dieser dann die ursprüngliche Handlungsdisposition der Gleichbehandlung in der übergeordneten Gruppe der Schülerschaft ab.

Doch werden nicht nur gezeigte Leistungen zur Grundlage einer weiteren Gruppeneinteilung; entgegen der wiederholten Inanspruchnahme des Leistungsideals werden äußere Merkmale für eine weitere Einteilung genutzt.

> Sie kannte sie alle. Sie erkannte sie sofort. Schüler wie diese hatte sie schon haufenweise gehabt, klassenweise, Jahr für Jahr. Die brauchten sich nicht einzubilden, sie wären besonders. Es gab keine Überraschungen. Nur die Besetzung wechselte. Wer spielte diesmal mit? Ein Blick auf den Sitzplan genügte. Die Benennung war alles. Jeder Organismus hatte einen Ruf- und einen Familiennamen: Art. Gattung. Ordnung. Klasse. (HdG 19)

Lohmark beschreibt die Klassendynamik wie ein Theaterstück mit immer gleichen Figuren, welche lediglich in regelmäßigen Abständen für die nächste Spielzeit neu besetzt werden. Der Wunsch der Heranwachsenden nach Individualität und Selbstdarstellung wird dabei von Lohmark verlacht, „die brauchten sich nicht einzubilden, sie wären besonders." Dass Lohmark der Klasse im Ganzen und nicht einzelnen Schülerinnen und Schülern den Gedanken der Einzigartigkeit unterstellt und entkräftet, zeigt, dass sie bei ihren Überlegungen das Gesamtkonstrukt „Klasse" betrachtet und nicht einzelne Schülerinnen und Schüler. Diese mögen zwar Figuren mit spezifischen Merkmalen darstellen, jedoch sind diese nur im Klassengefüge realisiert und für dieses konstitutiv. Überraschend ist daher, dass Lohmark den Namen der Schülerinnen und Schüler, ein individuelles Merkmal, für die Zuordnung der Darsteller zu den jeweiligen Figuren zu Rate ziehen möchte. Der vollständige Name wird gleichgesetzt mit der biologischen Einteilung von Lebewesen in Art, Gattung, Ordnung und Klasse. Irritierend ist die numerische Ungleichheit von zwei (Vor- und Zuname) zu vier Attributen. Es ist nicht eindeutig ersichtlich, wie diese Zuordnung verstanden wird. Deutlich wird jedoch, dass eine Klassifizierung nach äußeren Merkmalen und nicht nach Leistung vorgenommen wird. Aussehen sowie Namensgebung entziehen sich der Einflussnahme durch das Individuum, beide sind durch vorherige Generationen bestimmt (das Aussehen folge der Generation der Großeltern, wie Lohmark später behauptet, und der Nachname wird seit vielen Generationen weitergegeben, lediglich der Vorname beruht auf freier Entscheidung der Elterngeneration). Es hat den Anschein, die Schülerinnen und Schüler hätten keinen Einfluss darauf, welche Figuren sie in Lohmarks Theaterstück darstellen.

Der auf der folgenden Doppelseite abgebildete Sitzplan jedoch bestätigt diese Annahmen nicht. Neben den Vornamen befinden sich hier nicht nur Beschreibungen äußerer Merkmale sowie Annahmen über familiale Hintergründe, sondern auch Hinweise auf beobachtete Handlungen und unmittelbar sowie langfristig zu erwartendes Verhalten.

> *Jennifer* Blondiertes Haar. Strichmund. Frühreif. Von Geburt an selbstsüchtig. Keine Aussicht auf Besserung. Skrupellose Oberweite, Wettbewerbsbusen.
> [...]
> *Annika* Brauner Zopf, langweiliges Gesicht. Überambitioniert. Freudlos und bienenfleißig. Vortragsgeil. Klassensprecherin seit Geburt an. Anstrengend. (HdG 20-21)

Lohmark klassifiziert die Schülerinnen und Schüler wie Tiergattungen in einem Biologiebuch. Dabei kommt sie ihrem zuvor formulierten Grundsatz, die Benennung sei „alles", nicht nach. Für ihre Klassifizierung nutzt sie nur die Vornamen und begründet dies damit, sie wolle sich zunächst nur diese merken (vgl. HdG 19).

Bei der Beschreibung von Jennifer wird Lohmarks Abneigung gegen die Körperlichkeit sichtbar. Sie beschränkt sich beinahe auf die Auflistung körperlicher Merkmale. Der Busen des Mädchens wird gleich zweimal erwähnt. Er wird mit dem Attribut „skrupellos" versehen und damit zum Vorwurf. Die absichtliche Zurschaustellung körperlicher Merkmale wird von Lohmark negativ bewertet. Das Wort „Wettbewerbsbusen" verweist auf das unterstellte Ideal der Körperlichkeit anstelle des Wissens. Lohmark erlaubt sich darüber hinaus ihr Wesen zu beurteilen: Jennifer sei selbstsüchtig und das nicht nur in der Vergangenheit, „von Geburt an", gewesen, sondern auch künftig. Dabei wird nicht sichtbar, woher Lohmark diese Annahme nimmt. Selbst wenn ein tatsächlich beobachtetes Verhalten und nicht nur die äußere Wahrnehmung zu der Annahme geführt hat, Jennifer sei selbstsüchtig, so entzieht sich die Dauer dieses Verhaltens Lohmarks Einsicht. Lohmarks scheinbar ‚wissenschaftliche' Artenkunde wird als spekulatives Gerüst enttarnt.

Annika wird ebenfalls nicht nur äußerlich beschrieben. Sie nimmt innerhalb der Gruppe die Rolle der Streberin ein und erhält auch damit nicht Lohmarks Gunst. Leistungswille ist für sie eben nicht gleichbedeutend mit tatsächlich erbrachter Leistung. Lohmark empfindet Annikas Agieren im Unterrichtsgeschehen als „anstrengend". Das Attribut „vortragsgeil" verweist darüber hinaus darauf, dass Annika in Lohmarks Augen nicht das Wissen selbst, sondern ihre eigene Inszenierung als wissend anstrebt. Auch ihr wird unterstellt, schon immer dieses Bestreben nach Selbstdarstellung zu verfolgen. Lohmark zeigt bei ihren Figurenbeschreibungen eine Vorstellung von Absolutheit: Was jetzt ist, war schon immer so und wird auch immer so bleiben. Einmal einer Kategorie zugehörig, ist keine Änderung mehr möglich – ein Tier kann ja auch nicht seine Art wechseln. Die gezeigte Klassifizierung verlässt das universalistische Prinzip. Der Generalisierungsprozess findet lediglich dahingehend statt, dass Lohmark meint, die hier beschriebenen Rollen glichen denen, die jeder Klasse zugrunde lägen. Plötzlich werden Besonderheiten der einzelnen Schülerinnen und Schüler betrachtet. Jeder und jedem wird eine Rolle und damit ein sozialer Status zugeschrieben. Leistungen sind nicht Grundlage der hier getroffenen Klassifikationen.

Dabei sind es nicht nur individuelle Merkmale der Schülerinnen und Schüler, welche für Lohmark für die Klassifizierung relevant sind. Auch der soziale Status der Eltern wird wiederholt von ihr thematisiert.

> Was ihre Eltern wohl machten? Früher hätte ein Blick ins Klassenbuch genügt. Intelligenzia, Angestellte, Arbeiter, Bauern. (HdG 25)

Die Frage nach dem sozialen Status der Eltern zeigt eine Abwendung von der achievement-Orientierung. Lohmark würde ihren Schülerinnen und Schülern gerne einen sozialen Status auf Grundlage des Beschäftigungsverhältnisses der Eltern zuschreiben. In einem leistungsbasierten System ist diese Frage irrelevant. Obwohl die Rahmung der Institution Schule eine universalistische Leistungsorientierung verlangt, handelt es sich hierbei natürlich um ein Ideal, welches in der Realität nicht vollständig umgesetzt werden kann.[155] Doch handelt es sich bei partikular-ascriptiven Tendenzen im schulischen Kontext aufgrund ihrer Unvereinbarkeit mit den institutionellen Vorgaben um latente Dispositionen.[156] Lohmark zeigt hier genau diese Tendenzen zu einer Partikularismus-ascription-Orientierung. Diese scheinen nicht vereinbar mit der zuvor formulierten These eines strikt universalistischen Leistungsideals.

---

[155] Vgl. Wernet: Pädagogische Permissivität. S. 100.
[156] Vgl. ebd. S. 105.

Eine Möglichkeit, die gezeigten Widersprüche aufzulösen, besteht darin, die beobachtete inkonsistente Wertorientierung auf die Parallelität von tatsächlich ausgeführten Handlungen und gedachten Bewertungen Lohmarks zurückzuführen.[157] Lohmarks *Handeln* folgt dem universalistischen Leistungsprinzip. *Alle* Schülerinnen und Schüler erhalten die gleichen Aufgaben, sie werden *alle* der wiederholten Leistungskontrolle unterzogen und von *allen* wird eine mündliche Beteiligung gefordert. Die Einteilung in schwache und starke Schüler sowie die stereotype Statuszuschreibung aufgrund äußerlicher Merkmale sind nur Bestandteil von Lohmarks Überlegungen; behandelt werden dennoch alle Schülerinnen und Schüler gleich und die erbrachten Leistungen werden an sich, unabhängig des zugeschriebenen Status als ‚Gewinner' oder ‚Verlierer', bewertet. Ohne Einblick in Lohmarks Gedanken durch die Erzählform der erlebten Rede, nur durch Betrachtung ihrer Handlungen, wäre eine eindeutige Zuordnung zum universalistischen Leistungsprinzip möglich.

Wenn Lohmarks Gedanke lautet, man müsse schwache Schülerinnen und Schüler „loswerden" (HdG 11), hat dies keine Auswirkungen auf ihr Handeln, schließlich spricht sie sich damit lediglich dafür aus, diese nicht länger durch pädagogisch gestaltete Noten an dem Gymnasium zu halten. Jede Schülerin und jeder Schüler erhält die Note, die er sich verdient hat, so Lohmarks Überzeugung. Unterstützung erhalten durch sie weder starke noch schwache Schülerinnen und Schüler. Alle erhalten Noten nur auf Grundlage der selbstständig erbrachten Leistungen. Sie konstruiert damit ein strikt universalistisches Leistungssystem. Was bedeutet es dann aber für Lohmarks tatsächliches Handeln, „die lahmen Gäule zu ignorieren, und heimlich auf einen Vollblüter [zu] setzen"(HdG 17)? Der Schlüssel liegt in dem Wort „heimlich". Die gedankliche Einteilung der Schülerinnen und Schüler in Gruppen nach einmalig erbrachten Leistungen und davon ausgehend zu erwartenden Leistungen ändert nichts an ihrem Umgang mit ihnen. Vielmehr schließt sie für sich, eben „heimlich" und für alle anderen nicht sichtbar, Wetten

---

[157] Ein solcher Widerspruch lässt sich auch an weiteren Stellen beobachten. So verurteilt Lohmark den Wortbeitrag einer Schülerin, weil diese darin auf eine Parallelität zum Horoskop verweist, und beschimpft sie als „Sterntaler" (HDG 134), doch gleichzeitig scheint sie selbst Sternzeichen und Persönlichkeitsmerkmale zu verknüpfen („Löwe. Schade eigentlich" HDG 99). Ebenso verurteilt Lohmark Homosexualität (vgl. HDG 128), welche aber ihrer Zuneigung zu Erika widerspricht.

darüber ab, welche Schülerinnen und Schüler zu den schulischen und damit auch zu den gesellschaftlichen ‚Gewinnern' gehören werden. „Ein paar Mal hatte sie das richtige Gespür gehabt. Ein Pilot war dabei gewesen, eine Meeresbiologin" (HdG 18); eine besondere Behandlung durch Lohmark haben diese aber nicht genossen. Sie waren lediglich Bestandteile Lohmarks innerer Befriedigung des persönlichen Leistungsideals.

Es scheint, Lohmark habe sich eine gedankliche Parallelwelt konstruiert, in welcher sie die institutionelle Wertorientierung der Schule umkehrt. Ihr Handeln ist dem universalistischen Leistungsprinzip verpflichtet, dies bedeutet aber nicht, dass sie sich nicht in Gedanken ein partikularistisch-ascriptives Gerüst für den institutionalisierten Schulalltag aufbauen kann. Es ist nicht anzunehmen, dass Lohmark streng universalistisch-achievement-basiert handeln kann, wenn sie derart konträre persönliche Wertorientierungen verfolgt. Aber sie lebt diese eben „heimlich" und nicht explizit aus. Wernets Argumentation folgend bestätigt sie mit der Anwendung ihrer eigenen Wertorientierung als „verdeckte Strategie"[158] die Gültigkeit der institutionellen Wertorientierung.[159]

Problematisch an dieser These ist das zuvor herausgearbeitete persönliche Leistungsideal Lohmarks. Wie lässt sich die Überzeugung, jedes Individuum sei zu Leistung, dem höchsten Gut ihrer Wertvorstellung, fähig, mit einer partikularistischen ascription-Vorstellung verbinden? Eine mögliche Deutung ist die, dass sich Lohmark mit der Zeit, ohne es zu bemerken, von diesem Ideal distanziert hat. Zwar hält sie noch immer daran fest, ihre Erfahrungen haben sie aber eines Besseren belehrt.

> Ihre Lehrmethoden bestanden aus einer Reihe von Maßnahmen, die sich im Lauf ihres Lehrerlebens ausgebildet und immer mehr spezialisiert hatten. Früher oder später ersetzte Erfahrung alles Wissen. Nur was sich in der Praxis bewährt hatte, war wahr. (HdG 30)

Jedes Individuum hat die gleiche Chance, Leistung zu erbringen. Lohmark hat aber die enttäuschende Erfahrung gemacht, dass nicht alle Individuen diese Chance wahrnehmen. Und so wird die Beobachtung, dass sich Schülerinnen und Schüler, die bestimmte Figuren des Klassenschau-

---

[158] Ebd.
[159] Vgl. ebd.

spiels besetzen, mehr Leistung erbringen als diejenigen, die sich einer anderen Figur zuschreiben lassen, zur neuen Wahrheit, welche die ursprüngliche Annahme der Chancengleichheit ablöst. Die These der eigenen Enttäuschung vom Schulsystem lässt sich hier wiederholen. Das der Schule institutionell immanente Wertesystem der universalistischen Leistungsorientierung, welchem sich auch Lohmark verpflichtet fühlt, wird in der Realität nicht umgesetzt. Die Enttäuschung hierüber führt Lohmark dazu, die Erfahrung der „ständisch-ascriptiven Reproduktionsdynamik des Bildungssystems"[160] zur erkennbaren Wahrheit zu ernennen und diese unter oberflächlicher Wahrung institutioneller Rahmenbedingungen gedanklich als Maske auf die schulischen Alltagserfahrungen anzuwenden. Diese Maske als Ausdruck verbitterter Nüchternheit ist als Zeichen für Lohmarks tiefgründige Unzufriedenheit zu erkennen.

3.3.2.3.2. Ebene der motivationalen Orientierung

Der Ebene der motivationalen Orientierung sind die Variablenpaare *Diffusität/Spezifität* und *Neutralität/Affektivität* zugeordnet. Das erste Variablenpaar beschreibt die Art der Beziehung zwischen handelndem Subjekt und Objekt: Ist diese in Form von festgelegten Zuständigkeiten und Themen definiert und damit spezifisch oder aber offen, also diffus?[161] Darüber hinaus ist eine Handlung dadurch motivational gekennzeichnet, ob sie auf Grundlage von Gefühlen oder emotionsunabhängig stattfindet.[162] Im ersten Fall spricht Wernet von Affektivität im Sinne von „unmittelbarer Bedürfnisbefriedigung"[163] und im zweiten von „Disziplin"[164] als Ausdruck von affektiver Neutralität.

Zunächst fällt auf, dass Lohmark ein sehr distanziertes Verhältnis zu ihren Schülerinnen und Schülern pflegt. Freundschaftliche Annährungen bewertet sie, wie bereits erläutert, äußerst negativ.

> Zum professionellen Verhältnis gehörten keine Nähe, kein Verständnis. Armselig, aber begreiflich, wenn Schüler um die Gunst der Lehrer buhlten. Das Kriechen

---

[160] Ebd. S. 100.
[161] Vgl. ebd. S. 65.
[162] Vgl. ebd.
[163] Ebd.
[164] Ebd.

> vor den Machthabern. Unverzeihlich hingegen war es, wie sich Lehrer an Halbwüchsige heranschmissen. Halber Hintern auf dem Lehrerpult. Geklaute Moden und Wörter. Um den Hals bunte Tücher. Blondierte Strähnen. Alles nur, um sich mit ihnen gemein zu machen. Ohne Würde. Den Rest Anstand gaben sie preis für die kurze Illusion von Gemeinschaft. (HdG 13)

Für ein „professionelles" Lehrer-Schüler-Verhältnis hält Lohmark sowohl Nähe als auch Verständnis für unangebracht. Sie charakterisiert die Beziehung damit als vollkommen gefühlsunabhängig. Dass Verständnis für individuelles Schülerhandeln abgelehnt wird, fügt sich in das universalistische und leistungsbezogene Selbstverständnis Lohmarks: Es wird keine Rücksicht auf individuelle Bedürfnisse oder Umstände, in denen sich die Schülerinnen und Schüler befinden, genommen. Auffällig ist jedoch, dass Lohmark direkt nach der Verneinung von Verständnis selbst welches artikuliert: Das Streben nach Anerkennung und Wohlwollen der Lehrperson, sei für sie „armselig, aber begreiflich". Sie zeigt Verständnis für die Situation der Schülerinnen und Schüler, den Bewertungen der Lehrkräfte ausgeliefert zu sein, und diese Situation zu ihren Gunsten beeinflussen zu wollen. Zwar bewertet sie dieses Verhalten negativ, doch indem sie es als nachvollziehbar beschreibt, erkennt sie dieses gleichzeitig an. Das Motiv der Anerkennung und Gruppenzugehörigkeit für ein freundschaftliches Verhalten ihrer Kolleginnen und Kollegen erkennt sie, verurteilt dieses aber „hingegen" als „unverzeihlich". Durch die Kontrastierung gesteht sie sich Verständnis für das Verhalten der Kinder und Jugendlichen und sogar Rücksichtnahme ein, schließlich ist dieses im Umkehrschluss verzeihlich.

Zu bemerken ist darüber hinaus die Betitelung der Lehrkräfte als „Machthaber". Das Verhältnis wird damit stark asymmetrisch dargestellt; Schülerinnen und Schüler scheinen der Willkür der Lehrkräfte zu unterliegen. Diese Vorstellung von Macht tritt in Konflikt mit einem strikt universalistischen Leistungskonzept, in welchem willkürliche Entscheidungen nicht legitimiert werden können. Hier entscheiden die Leistungen der Schülerinnen und Schüler über Erfolg und Misserfolg; die Gunst der Lehrkräfte kann hieran wenig ändern. Bereits zuvor war die kontrastierende Darstellung der Schüler- und Lehrerposition aufgefallen. Nun wird die Lehrerseite nicht nur als die sichere, sondern auch als die machtvolle charakterisiert. Was bedeutet dies für die Rollenwahrnehmung Lohmarks? Worin sieht sie diese Macht begründet? Es können zwei verschiedene Thesen entwickelt werden. Entweder handelt Lohmark entgegen ihrer Darstellungen nicht universalistisch-achievement orientiert oder die von Lohmark erkannte Macht liegt außerhalb der Selektionsfunktion der Schule. Aufschluss gibt ein weiteres Zitat. Über die von Lohmark in dem kommentierten Sitzplan als „übereifrig" beschriebene Annika und andere Schülerinnen und Schüler, welche sie mit der Rolle der strebsamen Schülerinnen und Schüler besetzt, sagt sie:

> Die ließen sich noch einschüchtern vom Rotstift des Lehrers. Albernes Instrument scheinbar grenzenloser Macht. (HdG 19)

Machtinstrument ist demnach die Leistungsbewertung. Diese wird als persönliches Gut der Lehrkräfte wahrgenommen. Die Korrekturen und Anmerkungen der Lehrkraft und ihr individuelles Verständnis des Unterrichtsinhalts, auf dem diese beruhen, werden zur Machtgrundlage. Es handelt sich nicht um allgemeingültige objektive Maßnahmen, die über Gelingen und Scheitern der Schullaufbahn entscheiden, und insbesondere ist es nicht die Institution Schule die selektiert, sondern deren Akteure, die Lehrkräfte. Die Macht der Lehrkraft liegt in ihrer Auslebung der Selektionsfunktion. Trotz institutionellen Anspruchs des universalistischen Leistungsprinzips unterliegt die Selektionsgewalt doch dem individuellen Ermessen der Lehrkräfte. Im Verhältnis zu den weitreichenden Konsequenzen für das Leben der vielen Schülerinnen und Schüler, welche dieser Bewertung einer einzigen Person unterliegen, erscheint der Rotstift, die visuell erkennbare Form der individuellen Bewertung (die Bewertung in *Handschrift der Lehrkraft*), lächerlich. Er ist ein „albernes Instrument". Die Beziehung zwischen Lehrkraft und Schülerinnen und Schülern ist durch dieses Abhängigkeitsverhältnis bestimmt. Die Beziehung ist charakterisiert durch Wissensvermittlung, Leistungsüberprüfung und -bewertung. Sie ist rein funktional und als solche spezifisch.

> Man musste höllisch aufpassen. Ehe man sich versah, diskutierte man im Unterricht allerlei Blödsinn. Frühstücksvorlieben. Ursachen von Arbeitslosigkeit. Haustierbeerdigungen. Plötzlich wurden alle putzmunter, und die Stunde war gelaufen. (HdG 23)

Dabei ist Lohmark durchaus bewusst, dass dieses spezifische Verhältnis schnell verletzt werden kann. Persönliche Interessen der Lehrkräfte und der Schülerinnen und Schüler gefährden die spezifische soziale Situation. Erfahrungen und Erlebnisse außerhalb der Schulsituationen beeinflussen die Personen, welche sich hinter spezifischen Aufgabenbereichen der Schüler- und Lehrerrolle befinden. Die strikte Trennung kann nicht immer aufrecht erhalten werden. Dabei wird die Verletzung dieser Trennung gerade von Schülerseite aus zur Ablenkung von funktionsspezifischen Verpflichtungen evoziert. Lohmark erkennt diese Tendenz und versucht, sie zu unterbinden. Jedoch fällt ihr auch auf, dass diese Verletzungen auch von Lehrerseite aus auftreten können. Daher ermahnt sie sich selbst zur Vorsicht. Es wird deutlich, dass Lohmark zwischen Person und Funktion trennt. Diese Trennung versucht Lohmark durch strukturelle Mittel zu sichern: Sie siezt ihre Schülerinnen und Schüler ab der neunten Klasse, „um sie sich vom Leib zu halten" (HdG 13) und unterrichtet ausschließlich frontal („Nichts ging über Frontalunterricht" (HdG 48).[165] Die Interaktion mit den Schülerinnen und Schülern wird so auf ein Minimum reduziert. Die Beziehung zu ihren Schülerinnen und Schülern ist spezifisch motiviert.

> Mitleid brauchte sechs Minuten, und solange wollte Lohmark nicht warten. Außerdem redete sie grundsätzlich nicht außerhalb des Unterrichts mit Schülern. Mittags trennten sich ihre Wege. Das hier war nicht mehr ihr Revier. (HdG 71)

Die Beziehung ist dabei nicht nur inhaltlich und strukturell reglementiert, sondern auch lokal wie temporal. Außerhalb des Klassenzimmers, am Nachmittag fühlt sich Lohmark nicht mehr für ihre Schülerinnen und Schüler verantwortlich. Wie bereits erläutert, sieht sie ihre Funktion primär in der Wissensvermittlung und nicht in der Erziehung. Sie distanziert sich daher von Ereignissen außerhalb des Klassenraums. Die oben genannte Aussage wird von Lohmark getroffen, als sie sieht, wie an der Bushaltestelle ihre Schülerin Ellen von Mitschülerinnen und Mitschülern geärgert wird. Lohmark grenzt die Situation des Heimwegs, welche für Lehrkräfte wie Schülerinnen und Schüler eine Zwischenstation zwischen

---

[165]) Obwohl der dargestellte Unterricht eher auf einen stundenfüllenden, unzusammenhängenden und spontan erdachten Lehrervortrag hinweist, welcher nur durch Fragen an die Klasse zum Zweck der Aufmerksamkeitskontrolle unterbrochen wird

Schule und Privatleben darstellt, von ihrem Zuständigkeitsbereich ab: Die Bushaltestelle ist „nicht mehr ihr Revier". Sie gesteht sich damit ein, dass die Kontrolle der Situation durchaus in ihrem Einflussbereich liege, schließlich wäre das in „ihrem Revier" der Fall. Sie lehnt die Zuständigkeit aber bewusst ab, obwohl ihr bewusst ist, dass sie damit eine Aufgabe ihrer Berufsrolle nicht erfüllt („Wenn die so weitermachten, musste sie doch noch einschreiten" (HdG 72)). Darüber hinaus weist sie auch jede Emotion von sich: „Mitleid brauchte sechs Minuten, und so lange wollte sie nicht warten." Dieser Ausdruck ist schwer zu fassen. Nicht erkennbar ist, ob es sechs Minuten dauere, bis ein Gefühl von Mitleid aufgebaut wird, oder aber ob dies der Zeitrahmen sei den es einnimmt, das Gefühl gegenüber der Schülerin zu zeigen. In jedem Fall ist es aber auffällig, dass ein Gefühl zeitlich gefasst wird. Außerdem wird suggeriert, man könne sich für oder gegen eine Auslebung von Gefühlen entscheiden. Die Emotion wird rationalisiert.

Diese Rationalisierung von Emotionen lässt sich wiederholt beobachten. Auffällig ist aber, dass die Rationalisierungen überwiegend bei der gedanklichen Bearbeitung privater Zusammenhänge artikuliert werden.

Was war das schon, Liebe? Ein scheinbar wasserdichtes
Alibi für kranke Symbiosen. (HdG 98)

Ja, es gab so viel Unkontrollierbares. Scheinbar echte
Gefühle, die nichts als Schlüsselreize waren. (HdG 127)

Zum Schutz vor Enttäuschung über die augenscheinlich funktionale Beziehung zu ihrem Mann und der Abwesenheit ihrer Tochter dekonstruiert Lohmark das Gefühl von Liebe zu einem Zusammenspiel biochemischer Prozesse. Lohmark beobachtet das Handeln anderer, aber auch eigene Motive, kritisch und analysiert dieses. Sie distanziert sich dabei auch von eigenen Empfindungen und fühlt sich damit ihren Mitmenschen überlegen. Die Struktur ihres Unterrichts macht es ihr leicht, im Beruf affektiv-neutral zu agieren. Da die Interaktion mit Schülerinnen und Schülern auf die einseitige Wissensvermittlung und -kontrolle hinausläuft, gibt es kaum Anlässe für affektive Handlungen. Dennoch lässt sich gefühlsabhängiges Verhalten im Unterrichtskontext beobachten:

Lohmark reagiert emotional, wenn ihr eigenes Prestigeobjekt, das Wissen, angegriffen wird.

> „Und wo lebt der Auerochse heute?" Vage Verunsicherung. „In Bayern." Es kam von Kevin. Er fand das anscheinend komisch. „Der Auerochse ist ausgestorben! Tot! Vergraben! Für immer ... Noch vor der Steller'schen Seekuh. Merken Sie sich das!" Der Blutdruck. Sie musste sich setzen. (HdG 124)

Die hier gezeigte Handlung ist eine der wenigen im gesamten Roman, die auf eine Auslebung von Gefühlen hinweist. Lohmark zeigt Verärgerung über die falsche Antwort eines Schülers, indem sie die Stimme hebt. Der Ärger ist so groß, dass er sich körperlich bemerkbar macht: Lohmark muss sich setzen. Sie unterstellt, Kevin wolle sie mit einer falschen Antwort provozieren. Dabei hatte sie selbst durch ihre Frage die Voraussetzung für die Antwort gegeben. Erst die durch die Frage verursachte Verunsicherung war Anlass für Kevins spöttische Antwort – sofern diese denn tatsächlich als Provokation gemeint war. Es ist nicht eindeutig zu erkennen, ob die falsche Antwort an sich oder aber die Annahme, diese sei eine Provokation, zur Verärgerung führt. Im ersten Fall läge der Anlass für die affektive Reaktion auf der inhaltlichen Ebene des Wissens, im zweiten in der relationalen Ebene der Lehrer- Schüler-Beziehung. Einen Hinweis auf die richtige Lesart gibt Lohmarks Antwort. Ihre Reaktion auf Kevins Wortbeitrag ist inhaltlicher Art, sie spricht ihn nicht auf die vermeintliche Provokation an (vgl. HdG 124).

Auch in der vergleichbaren, bereits besprochenen Situation von Tabeas Wortbeitrag (vgl. HdG 134), welcher Lohmark verärgert, ist eine inhaltliche Reaktion beobachtbar. Indem Lohmark Tabea als „nicht nur dumm, sondern auch vorlaut" (HdG 134) beschreibt, und mit ihrem darauf folgenden Tadel der Qualität des Beitrags, nimmt sie zwar Bezug auf Tabeas Verhalten, dennoch wird dabei die inhaltliche Ebene bemängelt. Unmittelbar an ihren Vortrag schließt sie einen Arbeitsauftrag an:

> „Und finden Sie Ihre Blutgruppe heraus und die Ihrer Eltern. Samt Rhesusfaktor."
> Das Pausenklingeln.
> „Sie alle, zur nächsten Stunde."
> Mal sehen, ob wieder ein Kind dabei war, das danach keinen Vater mehr hatte. Sie war auf der sicheren Seite. Stand alles im Lehrplan. Und war lebensnäher, als die

> Textaufgaben mit den vertauschten Babys auf der Entbindungsstation. [...] Die Wahrheit war zumutbar. Auch Kindern. Gerade Kindern. So früh es ging. (HdG 135)

Die Hausaufgabe erteilt Lohmark zunächst nur Tabea. Erst nach dem Pausenklingeln wird der Adressat der Aufgabe auf die ganze Klasse ausgeweitet. Inhalt der Hausaufgabe ist es, die eigene Blutgruppe und die der Eltern in Erfahrung zu bringen. Lohmark weiß, dass die Ergebnisse und deren Besprechung in der folgenden Unterrichtsstunde dazu führen können, dass unbekannte Familienverhältnisse der Schülerinnen und Schüler aufgedeckt werden. Die Konsequenzen für das Privatleben der Kinder bereiten ihr dabei keine Sorgen. Im Gegenteil, der Gedanke scheint sie sogar zu erfreuen. Mit Spannung erwartet sie die Ergebnisse: „Mal sehen, ob wieder ein Kind dabei war, das danach keinen Vater mehr hatte." Dass ihr bewusst ist, dass ihre Handlung ethisch fragwürdig ist, zeigt sie, als sie diese vor sich selbst rechtfertigt. Die Aufgabe zeige lediglich „Praxisnähe" (HdG 135) und sei curricular legitimiert. Wieder gibt sie an, auf der „sicheren Seite" zu sein. Die Schülerinnen und Schüler sollen die Beispiele aus Lehrbüchern ersetzen; sie selbst werden zum Fall. Dies spiegelt Lohmarks Weltsicht der Rationalisierung. Alles Leben ist Teil der Biologie und als solches analysierbar. Das Wissen ist wichtiger als die Emotion. Und dies sollen die Kinder und Jugendlichen so früh wie möglich lernen. Dass dieses Wissen eine Belastung darstellen kann, weiß Lohmark, hält sie aber für „zumutbar". Doch dass das artikulierte Wohlwollen, die Schülerinnen und Schüler so früh wie möglich mit der unbarmherzigen Realität zu konfrontieren, nur ein Vorwand ist, um das eigene Gewissen und gegebenenfalls Kritiker zu beruhigen, ist deutlich zu erkennen. Die vorangestellte zynische Neugier über die Ergebnisse der Hausaufgabe stellt alle folgenden Rechtfertigungsversuche in den Schatten. Doch nicht nur Lohmarks Freude über das fremde Leid, welches sie ggf. verursacht, ist hier spannend. Aufschlussreich ist auch der Kontext der Aufgabenstellung: Sie folgt inhaltlich unmotiviert dem Tadel von Tabeas Wortbeitrag. Gerade die Tatsache, dass Lohmark die Aufgabe zunächst nur an Tabea richtet, evoziert den Eindruck einer Disziplinierungsmaßnahme: Die Strafe für einen unwissenschaftlichen Wortbeitrag ist die Erfahrung der schonungslosen Wissenschaft. Das Wissen um die weitreichenden Konsequenzen der Aufgabenstellung auf das Privatleben der Schülerinnen und Schüler und Lohmarks Genugtuung hierüber lassen die Aufgabe als einen Akt der Rache erscheinen. Es ist nicht so, dass es Lohmark gleichgültig ist, dass die Folge ihres Unterrichts zerrüttete Familien sein können – es erfreut sie. Die Aufgabenformulierung dient der eigenen unmittelbaren Bedürfnisbefriedigung und ist damit als affektiv zu bewerten. Die affektive Neutralität wird also nicht zugunsten positiver Gefühle der Zuneigung verletzt, sondern durch die Befriedigung negativer Emotionen auf Grundlage der Geringschätzung. Nicht Liebe, sondern emotionale Ablehnung ist das Motiv für Lohmarks affektive Reaktionen. Affektivität im Sinne des Liebesmotivs kann bei Lohmark zunächst nicht beobachtet werden.

Selbst als Lohmark ihre eigene Tochter unterrichtet, trennt sie scharf zwischen Lehrer- und Mutterrolle.

> Sie wimmerte: Mama. Ihre ausgebreiteten Arme. Und sie? Was willst du von mir? Das waren ihre Worte. Ein Stoß. Von sich weg. Was wollte sie von ihr? Claudia fiel. Blieb liegen. Weinte immer noch. [...] Mama. Immer wieder: Mama. Ein kleines Kind. Claudia schrie nach ihr. Vor der ganzen Klasse. Natürlich war sie ihre Mutter. Aber zuallererst ihre Lehrerin. [...] Niemand ging zu ihr. Niemand tröstete sie. Auch sie nicht. Es ging nicht. Vor der ganzen Klasse. Nicht möglich. Sie waren in der Schule. Es war Unterricht. Sie war Frau Lohmark. (HdG 218-219)

Sichtbar wird wieder die lokale wie temporale Rahmung der Lehrerrolle. In der Schule und während des Unterrichts tritt Lohmark in der Lehrerrolle auf. Auch von ihrer Tochter verlangt sie diese Trennung von Schüler- und Tochterrolle. Eine Lockerung der Grenze oder ein Wechsel der Rollen ist selbst in der geschilderten extremen Situation „nicht möglich". Lohmark zeigt auch hier, dass sie sich nicht für pädagogische Maßnahmen verantwortlich fühlt. Ihr Unterricht beschränkt sich auf die Wissensvermittlung und Wahrung der Elementarstrukturen unterrichtlicher Interaktion. Dass eine Schülerin ungefragt ihren Platz verlässt, nach vorne tritt und sich dann auch noch körperlich der Lehrkraft nähert, ist mit diesen Strukturen nicht vereinbar und wird daher von Lohmark verurteilt. Indem sie ihre Tochter von sich wegstößt, woraufhin diese fällt, reagiert sie selbst körperlich auf die Grenzüberschreitung ihrer Tochter. Damit verlässt auch sie kurzzeitig ihre Rolle. Fraglich ist, wie Lohmark reagiert hätte, wäre es nicht ihre Tochter, sondern eine andere Schülerin, die Beistand bei ihr gesucht und dafür ihren Platz verlassen hätte. Es ist zwar kaum vorstellbar, dass diese die körperliche Nähe sucht, wohl aber dass sie zumindest ein Eingreifen Lohmarks fordert. Hätte Lohmark sie getröstet oder zumindest die Klasse ermahnt? Vorstellbar ist, dass dies zum Zweck der Rückkehr zur gewohnten Unterrichtsstruktur geschehen wäre, allerdings nicht aus emotionalen Gründen oder rollenspezifischem Selbstverständnis. Wird Claudia anders behandelt, da Lohmark nicht den Eindruck emotionaler Befangenheit vermitteln will? Der Konflikt scheint unauflösbar. Lohmark trifft die Entscheidung, der lokalen und temporalen Rahmung der Situation Rechnung zu tragen, anstatt dem Schutz ihrer Tochter nachzukommen: „Natürlich war sie ihre Mutter. Aber zuallererst ihre Lehrerin." Die Handlung zeigt, wie stark Lohmarks Bedürfnis nach Rollenspezifität ist. Im Unterrichtskontext sind Diffusität und Affektivität nicht diskutierbar. Selbst als der Schutz der eigenen Tochter mit der Wahrung der Berufsrolle kollidiert, entscheidet sich Lohmark für diese.

Lohmark verhält sich entgegen dem ersten Eindruck nicht immer affektiv-neutral. Indem sie die Daseinsberechtigung jeglicher liebevollen Emotion als bloßen chemischen Prozess abtut, handelt sie nicht gefühls-*unabhängig*. Positive Gefühle, von denen sich eine Beziehung beeinflussen lassen könnte, lässt sie gar nicht erst zu – und das weder im schulischen noch im familialen Bereich. Dass ihr Handeln negative Gefühle bei ihren Mitmenschen hervorruft, weiß und billigt sie. Sie verhält sich gefühls*kalt*. Ihren Zynismus, welcher in der Interaktion mit Schülerinnen und Schülern sowie Kolleginnen und Kollegen zum Vorschein kommt, begründet sie damit, dass die Wahrheit wichtiger sei als die Rücksichtnahme auf Befindlichkeiten. Dies scheint aber eher eine Rechtfertigung als eine Überzeugung zu sein. Immer wieder ist zu erkennen, dass Lohmark Genugtuung bei dem Gedanken an die Konsequenzen ihres Verhaltens zeigt. Ihr ist bewusst, dass die Schülerinnen und Schüler Angst vor ihr haben, aber das nimmt sie als Preis für die Aufrechterhaltung ihrer unantastbaren, sicheren Position in Kauf. Es ist nicht ihr Ziel, von den Schülerinnen und Schülern gefürchtet zu werden, aber sie erkennt diesen Umstand als konstitutiv für ihren eigenen Schutz vor Gefühlen und nimmt die Furcht daher billigend in Kauf. Spezifität und affektive Neutralität sind nicht nur durch ihr Rollenbewusstsein motiviert, sondern finden sich, wenn auch nicht ganz so stark ausgeprägt, im privaten Bereich. Ihr rationales Wesen macht die zwischenmenschliche Interaktion im Allgemeinen zu einem funktionalen Aspekt des menschlichen Fortbestands.[166]

3.3.2.4. Wandel der Wertvorstellungen? Der Fall Erika

Eine Ausnahme bei der Wahrung affektiver Neutralität bezüglich des Liebesmotivs stellt die Interaktion mit Erika dar. Lohmark zeigt Interesse an Erikas Privatleben und hat das Bedürfnis, sich ihr anzunähern. Beides äußert sich aber eher subtil. Lohmarks Handlungen, welche dieser Bedürfnisbefriedigung dienen, sind unauffällig: Sie fragt Erika im Unterrichtsgespräch danach, ob sie ein Haustier habe, führt mit ihr bei der gemeinsamen Busfahrt ein Gespräch, in welchem sie andeutet, dass eine Leistungskontrolle stattfindet, und nimmt sie mit zur Schule, als der Schulbus liegen bleibt. Wird hierdurch ein Wandel ihrer Wertvorstellungen markiert?

Lohmark verletzt mit ihrem Verhalten eindeutig ihre eigenen Wertvorstellungen. Indem sie Erika im Schulbus den Hinweis gibt, sie solle sich noch einmal ihre Aufzeichnungen aus dem Biologieunterricht anschauen, verhilft sie ihr zu einem Vorteil und verletzt damit das universalistische Leistungsprinzip.

> Ihr was sagen. Irgendwas. Einfach so. „Na, sie schreiben jetzt viele Arbeiten, oder?" Erika blickte auf, schaute sie an. Natürlich irritiert. „Ja, ja." Zögernd. „Haben Sie sich alles noch einmal genau angeschaut?" Erika war erschrocken. Sie auch. Was war das denn? Was hatte sie gemacht? Bloß kein Wort mehr. (HdG 102)

Lohmark verletzt ihre eigene Regel: Sie spricht außerhalb des Unterrichts mit einer Schülerin. Dabei scheint Erika nicht einmal an einem Gespräch interessiert. Die Initiative geht von Lohmark aus. Sie möchte sich mit Erika unterhalten, weiß aber, dass dies in der nicht klar definierten sozialen Situation im Rahmen der Busfahrt, dem Bindeglied zwischen Privat- und Schulleben, schwierig ist: Erika ist „natürlich irritiert". Indem Loh-

---

[166] So stellt sie dar, die monogame Liebesbeziehung sei der zeitaufwendigen Aufzucht der Nachkommen geschuldet (vgl. HdG 97) und auch sämtliche andere Gefühle und Beziehungen dienten der Arterhaltung (vgl. HdG 7, HdG 127).

mark ein Thema aus dem Schulalltag wählt, verweist sie auf die Schulsituation: Sie spricht als Lehrerin zu einer Schülerin. Dass sie dann gerade in ihrer Lehrerolle Erika einen Vorteil bei der anstehenden Leistungskontrolle verschafft, verletzt die universalistische achievement-Wertorientierung der Schule. Sowohl Erika als auch Lohmark sind hierüber erschrocken. Lohmark hatte Erika nicht absichtlich helfen wollen, vielmehr handelte es sich um ein Versehen. Lohmark wählt ein Thema, welches beide verbindet: den gemeinsamen Schulalltag. Erikas Vorteil bei dem anstehenden Test war nicht beabsichtigt, jedoch zieht Lohmark im Nachhinein nicht die mögliche Konsequenz, die Leistungskontrolle an einem anderen Tag stattfinden zu lassen, um wieder eine gerechte Leistungssituation herzustellen. Lohmark erwirbt so nicht nur Erikas Dankbarkeit und damit eine persönliche Annäherung; ihr bereitet Erikas gute Leistung in dem Test Freude. Sie hebt sich ihre Arbeit für den Schluss der Korrektur auf (vgl. HdG 136). Indem Lohmark Erika zu einer guten Leistung verhilft, befriedigt sie ihr eigenes Wissensideal. Erika kann Lohmarks Leistungsideal aufgrund ihres Vorteils schwieriger enttäuschen, sodass Lohmark ihre Faszination für die Schülerin aufrecht erhalten kann. Sie schützt sich durch Erikas Vorteil vor dem Verlust ihres idealisierten Bildes der Schülerin.

Schließlich war es die vermeintliche Anerkennung von Lohmarks Prestigeobjekt, dem Wissen, die Erika in Lohmarks Augen erst auszeichnete. Erstmals fällt sie ihr positiv auf, als sie im Unterricht eine Frage stellt.

> „Ein riesiges Tier, das im Beringmeer lebte. [...] Sie [die Steller'sche Seekuh; Anm. d. V.] war von Natur aus zahm und kam immer gern ans Ufer, so dass man sie leicht streicheln konnte. Aber eben auch töten."
> „Woher wissen Sie das so genau?" Erika, einfach so, ohne sich zu melden.
> Die Frage war berechtigt.
> „Von Georg Steller, einem deutschen Naturforscher. Es war einer der letzten, der sie lebendig sah."
> Erika nickte ernst. Sie hatte verstanden. (HdG 25)

Erikas Frage nimmt Bezug auf Lohmarks Wissen. Sie drückt dabei einerseits Bewunderung für Lohmarks Kenntnis über den erläuterten Sachverhalt aus und stellt deren Gültigkeit gleichzeitig kritisch in Frage. Es genügt Erika nicht, neues Wissen anzuhäufen, sie prüft auch dessen Qualität, indem sie nach Belegen dafür fragt. Diese wissenschaftliche Haltung zeichnet sie in Lohmarks Augen aus. Erikas Frage ist für sie „berechtigt" und daher inhaltlich von Qualität. Den Regelverstoß des unaufgeforderten Redebeitrags tadelt Lohmark nicht. Dass der Inhalt ihres Unterrichts gewürdigt wird, ist ihr wichtiger als die Aufrechterhaltung elementarer Unterrichtsstrukturen. Als Erika Lohmarks Antwort durch ernstes Nicken anerkennt, deutet Lohmark dies als Zeichen für die emotionale Teilhabe an dem Aussterben der Tierart. Erika „hatte verstanden". Das gemeinsame Wissen und die vermeintliche persönliche Anteilnahme an dem traurigen Wissen um eine ausgerottete Tierart verbindet Erika mit Lohmark. Lohmark projiziert aber nicht nur ihr Wissensideal auf Erika. Sie unterstellt ihr auch die eigene Abneigung gegenüber zwischenmenschlichen Beziehungen, wie sie sie hegt. In ihren Gedanken wird Erika ebenfalls zum kritischen Einzelgänger.

> Heute machte man Hausbesuche nur noch in Ausnahmefällen. Und Erika war nicht versetzungsgefährdet oder verhaltensauffällig. Sie hatte bestimmt auch keine blauen Flecken. Vielleicht hatte sie nicht einmal Eltern. Lebte allein im Wald. Sie hatte ja nicht mal eine Freundin. Besser so. (HdG 99)

Weil Lohmark nichts von einer Freundin in der Schule weiß, geht sie davon aus, dass Erika im allgemeinen keine Freundschaften pflegt. Lohmark, welche ebenfalls, abgesehen von den täglichen knappen Gesprächen mit dem alleinlebenden Nachbarn am Gartenzaun, ihrer täglichen „guten Tat" (HdG 78), keine sozialen Kontakte pflegt, sieht hierin eine Gemeinsamkeit. Es ist „besser so", ohne Freunde, so läuft man nicht Gefahr, wie die Steller'sche Seekuh von vermeintlichen Freunden gefressen zu werden. In diesem Sinne kann nämlich auch Erikas oben genanntes „Verstehen" gedeutet werden: Sie begreift, dass die Steller'sche Seekuh nur ausgestorben ist, weil sie die Nähe zu Menschen gesucht und sie nicht als Feinde erkannt hat. Lohmark konstruiert die Idealvorstellung einer einsamen Leidensgenossin. Sie ersinnt sich Vorwände, um Erika außerhalb ihrer Schülerrolle kennenzulernen. In ihrer Phantasie wird Erika zur unabhängigen, naturverbundenen Einzelkämpferin. Ihr Wissen über die Vorgänge der Natur ersetzt die materielle und emotionale Abhängigkeit von ihren Eltern. Wie Lohmark selbst kommt auch Erika in ihren Vorstellungen ohne soziale Beziehungen aus. Ihr Wissen ist alles, was sie braucht.

Als Lohmark Erika in ihrem Auto mit zur Schule nimmt, weil der Bus liegen geblieben ist, sieht sie daher auch Wissen als Schlüssel zur Annäherung zu ihr. Nach anfänglichem Schweigen erklärt Lohmark Erika den Grund für die beobachtbaren Senken auf den Feldern.

> „Das sind Eiszeitlöcher." Jetzt. Endlich drehte sie sich um. Sie gehörte ihr. (HdG 179)

Obwohl die Fahrt zur Schule die Möglichkeit bietet, die Lehrer- und Schülerrolle aufzuweichen, markiert Lohmark auch hier wieder die spezifische Sozialsituation der Lehrer-Schüler-Beziehung. Fachwissen wird zum Inhalt des Gesprächs. Und tatsächlich erhält sie damit zumindest kurzzeitig Erikas Aufmerksamkeit. Für Lohmark ist diese Aufmerksamkeit die Bestätigung des Wissensprestiges: Das Wissen wurde als Köder ausgelegt, nun „gehörte" Erika ihr. Da Lohmark in diesem Gespräch wie auch in der Unterrichtssituation ihren Wissensvorsprung behauptet, verkauft sie sich Erika als Mentor. Die selbstständige Erika benötigt keine elterliche Fürsorge und Liebe, sondern jemanden, der ihre Lebensgrundlage, das Wissen, nährt. Während Lohmark so Erikas Eltern ersetzt, wird Erika für sie zur folgsamen Tochter, welche die Ideale ihrer Mutter fortführt. Die vielfältigen Schilderungen eines sexuellen Interesses müssen mit dieser Deutung nicht im Konflikt stehen. Psychoanalytisch ließe sich der Fall als Ausdruck einer narzisstischen Persönlichkeitsstörung interpretieren: Lohmark konstruiert sich ein Lustobjekt nach eigenem Vorbild, gleichzeitig weist sie die eigene Schuld an der gescheiterten realen Mutter-Tochter-Beziehung zu Claudia zurück; schließlich funktioniere die Beziehung mit einer anderen Tochter.

Doch Erika enttäuscht durch ihr augenscheinliches Desinteresse an Lohmarks Vorträgen deren Wissensideal. Erika erweist sich nicht als die von Lohmark idealisierte Tochter.

> Sie war ihr ausgeliefert. Wer hatte hier wem eine Falle gestellt? Wieso nahm sie eine Schülerin mit? Was kam als nächstes? Sie hatte sich wohl getäuscht. Vortäuschung falscher Tatsachen. Mitarbeit ungenügend. Sie interessierte sich für nichts. Sie war nicht besser als alle anderen. Starrte nur so vor sich hin. Geistlos. (HdG 180)

Die Erkenntnis, dass Erika nicht das von ihr phantasierte Ideal erfüllt, verärgert Lohmark. Sie fühlt sich betrogen. Erika habe ihr ein anderes Wesen vorgetäuscht und dann nicht weiter daran festgehalten: „Mitarbeit ungenügend" – Erika hat keine gute Leistung erbracht. Deutlich wird, dass auch in diesem Bereich der Idealisierung einer familialen Situation Wertvorstellungen genutzt werden, welche nicht dem familialen System zuzuordnen sind. Die Beziehung zur Idealtochter wird als spezifische markiert. Inhalte beschränken sich auf die Wissensvermittlung, emotionale Nähe wird nicht erlaubt. Darüber hinaus wird Erikas gute Mitarbeit verlangt: Sie muss Leistung erbringen, indem sie, dem Wissensideal Lohmarks folgend, Interesse an deren Vorträgen zeigt und bereitwillig aus diesen lernt. Als Erika durch ihr Desinteresse diese von Lohmark definierte Beziehung verletzt, verliert sie ihre Anerkennung. Erika erweist sich doch nur als eine Schülerin wie jede andere. Sie folgt eben nicht wie Lohmark dem Ideal des Geistes, sie ist „geistlos". Lohmark ist umsonst von ihrem universalistischen Ideal abgewichen und hat ihre Prinzipien verraten. Dies macht sie in ihren eigenen Augen schuldig. Als ihre verhasste Kollegin beobachtet, wie Erika aus Lohmarks Auto steigt, fühlt sich Lohmark erwischt: „Sie hatte alles gesehen. In ihrem Auto. Eine kleine Schwäche. Schluss jetzt. Ein für alle Mal" (HdG 181). Der Verrat an dem Wertesystem der Schule, welches sich Lohmark zu eigen macht, ist ihr vor der Kollegin peinlich. Lohmarks Schuldgefühle verdeutlichen noch einmal die Verbundenheit mit den Werten der Schule. Diese hat sich aufgrund des Zwischenfalls mit Erika nicht geändert, sondern eher intensiviert. Die Erfahrung der eigenen „Schwäche", welche sie das universalistisch- unpersönliche Leistungsprinzip verletzen ließ, führt sie zurück zu ihrem strengen unpersönlichen Kurs: „Dienst nach Vorschrift. Bloß keine Ausnahme mehr machen" (HdG 181).

Obwohl die Inhaltsangabe des Buches zusammenfasst, dass Lohmark in dem Werk „Gefühle für eine Schülerin entwickelt und ihr Weltbild ins Wanken gerät" (HdG 2), lässt sich dies zumindest hinsichtlich ihrer Wertvorstellungen mit der vorliegenden Analyse nicht bestätigen. Herausgearbeitet wurde, dass sich Lohmark auch im Privaten an dem institutionellen Wertesystem der Schule orientiert. Das universalistisch- unpersönliche Leistungsprinzip prägt ihr Weltbild. Anzunehmen wäre, dass sich Lohmarks Wertvorstellungen aufgrund der emotionalen Beziehung zu einer Schülerin vom Wertesystem der Schule abwenden. Dies ist aber nicht der Fall. Lohmark kehrt aufgrund der schmerzhaften Einsicht, dass sie ihre eigenen Prinzipien verraten hat, zu diesen zurück.

3.3.3. Ergebnis

Die Figur Inge Lohmark ist aufgrund ihrer Komplexität schwer zu fassen. Deutlich ist, dass kein positives Bild von ihr gezeichnet wird. Lohmark verliert sich in der Wissenschaft ihres Faches und büßt dabei jeglichen Bezug zur Menschlichkeit ein.

Spannend ist, dass Schalansky eine Lehrerfigur konstruiert hat, deren Affektbefriedigung nicht mit dem Liebesmotiv zu erklären ist. Lohmark rächt sich an ihren Schülerinnen und Schülern für schlechte Wortbeiträge, indem sie sie die Unausweichlichkeit des Wissens erfahren lässt. Es bereitet ihr Freude, ihre Mitmenschen unter dem Vorwand der Ehrlichkeit leiden zu sehen; dass sie die Selektionsfunktion der Schule ausführen kann, befriedigt ihr Weltbild, nach dem Wissen zum höchsten Wert wird. Wissen bedeutet für sie Macht und so sieht sie ihre Autorität nicht durch das Amt an sich, sondern durch ihren Wissensvorsprung legitimiert.

Die Lehrerrolle ist für Lohmark eindeutig definiert und wird auch in Extremsituationen nicht verlassen. Lohmark ist in diesem Sinne tatsächlich ein Vorbild des universalistisch- unpersönlichen Leistungsprinzips. Dass Verletzungen affektiver Neutralität nicht zugunsten des Liebesmotivs stattfinden, sondern Ausdruck ihres Zynismus sind, macht diese Normverletzungen unauffälliger. Auch darüber hinaus gelingt es Lohmark, das Wertesystem der Schule zu propagieren und gleichzeitig latente Vorstellungen einer abweichenden Wertorientierung zu hegen. Obwohl sie eine universalistische Leistungsorientierung verlangt, unterwandert sie diese gedanklich selbst immer wieder. Die Erfahrung zeigte ihr, dass nicht alle Schülerinnen und Schüler die Möglichkeiten des Leistungssystems auf gleiche Weise nutzen. Die Erfahrungen, auf welchen ihre Zuordnungen schulischer Erfolgschancen stattfinden, ersetzten nach und nach eine unvoreingenommene Sichtweise, welche aber Chancengleichheit bedingt. Lohmark sabotiert so unbewusst ihre eigenen Ideale, welche den Normen schulischer Interaktion entsprechen. Schalansky zeigt in ihrem Werk damit den Widerspruch zwischen Schein und Sein der Schule: Institutionelle Rahmungen und ihre Umsetzung durch die Lehrkraft sind nicht identisch.

Der Konflikt zwischen Lehrerrolle und Persönlichkeit der Figur wird hier durch eine Auflösung der familialen Wertstruktur bearbeitet.

Lohmark nimmt auch für außerschulische, zwischenmenschliche Bereiche das Wertesystem der Schule an. Das Liebesmotiv wird durch ein Wissensideal ersetzt und Beziehungen nur unter Achtung ihrer Funktionalität und entsprechender Zuständigkeiten unterhalten. Eine Problematik des vorliegenden erarbeiteten Wertesystems liegt in der Parallelität von Universalismus, Leistungsideal und wiederholten Zuschreibungen eines Status auf Grundlage von Gruppenzugehörigkeiten. Wie in einem Biologiebuch führt Lohmark ihre Schülerinnen und Schüler als Ausprägungen bestimmter Gattungen auf und schreibt ihnen bestimmte Eigenarten zu. Diese scheinen absolut und nicht wandelbar. Mit dem Leistungsideal lässt sich diese Weltsicht nicht verbinden. Als Lösung wurde eine Parallelität beider Vorstellungen vorgeschlagen: Während die Leistungsorientierung das Ideal darstellt, zeigen die zugeschriebenen Status die für Lohmark enttäuschende Realität.

Lohmarks Einsamkeit führt letztendlich dazu, dass sie sich ein Lustobjekt nach eigenem Vorbild konstruiert. Erika erhält in Lohmarks Phantasie all jene Attribute, welche sie sich selbst zuschreibt. Als Lohmark bemerkt, dass sich ihre Wünsche nach einer Leidensgenossin nicht bewahrheiten, treibt sie dies nur noch weiter in das unpersönliche Leistungsideal. Obwohl sie sich aufgrund der Interaktion mit Erika des Verrats ihrer Lehrerrolle schuldig sieht, ist es eben nicht die Affektivität, welche sie zu der Bevorzugung Erikas veranlasste, sondern ihr fehlendes Eingreifen bei dem Mobbing ihrer Schülerin Ellen, das ihren Job gefährdet. Nicht gefühls*abhängiges*, sondern gefühls*kaltes* Verhalten, führt dazu, dass Lohmark ihren Beruf als Lehrerin, ihren einzigen Lebensinhalt, gefährdet sieht.

Schalansky zeigt mit Lohmark eine Lehrerfigur, welche die Funktion der Schule in der modernen Gesellschaft erkannt hat, die eigene Rolle bei der Erfüllung dieser Aufgabe aber nicht annehmen möchte. Lohmark hat sich voll und ganz der Wissensvermittlung verschrieben; dass diese entgegen ihrer Vorstellungen nicht Hauptbestandteil ihrer Tätigkeit ist, frustriert sie. Dabei nutzt sie die institutionellen Rahmenbedingungen der Schule für ihre eigene Zwecke. Unter dem Vorwand der Spezifität und neutralen Affektivität reduziert sie die Interaktion mit ihren Schülerinnen und Schülern auf ein Minimum und schützt sich so vor der immer wiederkehrenden Enttäuschung über fehlende Anerkennung ihres Wissensprestiges.

4. Fazit: Die Darstellung von Lehrerinnen und Lehrern in Roman und Film

> Der autoritäre „Wissens-Vertreter" muss sich weder um das Beziehungsproblem noch um potentielles Leiden seiner Schüler kümmern. Im schlimmen Fall genießt er seine Selektionsmacht und die Möglichkeit, negativ Schicksal zu spielen. Es ist bei Licht betrachtet derselbe Konflikt, den die Antiautoritärpädagogik freilich auf ganz entgegen gesetzte Weise aufzulösen versucht. Dabei weist auch sie unterkomplexe Einstellungen auf. Sie arrangiert Schule und Unterricht so sehr als gesellschaftsfreien Raum, dass sie zugleich deren gesellschaftliche Funktion mit auflöst.[167]

Iliens Darstellung der Konfliktbewältigung in der Ausübung des Lehrberufs erscheint als treffende Zusammenfassung der vorangegangenen Analyse. Sowohl Lohmark als die in *FACK JU GÖHTE* als Ideal beschriebene Symbiose aus Müller und Schnabelstedt zeigen „Fluchtwege"[168] aus der ambivalenten Rollenfunktion von Lehrkräften. *Der Hals der Giraffe* und *FACK JU GÖHTE* offenbaren dabei zwei gegensätzliche Lösungen. Während Lohmark als Wissens-Vertreterin die Beziehung zu ihren Schülerinnen und Schülern auf ein Minimum reduziert und sich zum Zwecke des Selbstschutzes als Herrscherin inszeniert, verkommen Schnabelstedt und Müller zu Erziehern, zu „Kinder-Freunden"[169], welche gesellschaftliche Wertstrukturen zugunsten familialer Strukturen auflösen. Beide Kompensationsmechanismen sind strukturtheoretisch nicht haltbar. Ilien konstruiert ein „Lehrviereck"[170], mit welchem er die Spannungen innerhalb der Lehrerrolle beschreibt: Die beruflichen Anforderungen zwingen die Lehrkraft dazu, sich zwischen Schüler-Beziehung, Wissensvermittlung, beruflichem Engagement und Schutz der eigenen

---

[167] Albert Ilien: Grundwissen Lehrerberuf. Eine kulturkritische Einführung. Wiesbaden: VS Verlag für Sozialwissenschaften 2009. S. 134.
[168] Ebd.
[169] Ebd. S. 134.
[170] Ebd. S. 126.

Person zu positionieren, ohne eine der Komponenten in den Vordergrund zu rücken.[171]

Den analysierten Figuren gelingt dies nicht. Während Müller und Schnabelstedt die Lehrer-Schüler-Beziehung und ihr persönliches Engagement in den Fokus ihres Handelns setzen, schützt Lohmark ihre Person dadurch, dass sie sich lediglich als Wissensmultiplikator sieht, und die Beziehung zu ihren Schülerinnen und Schülern vernachlässigt. Keine der Figuren nimmt ihre Funktion vollständig wahr; alle haben eine Strategie zur Konfliktbewältigung gewählt, welche auf Dauer unter institutionellen Gesichtspunkten nicht tragbar ist.

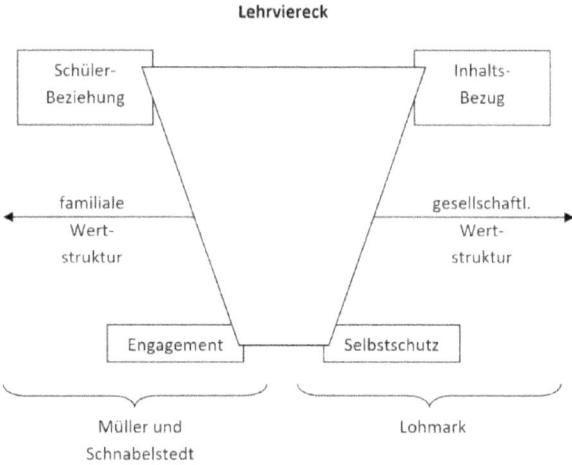

Abbildung 3: Lehrviereck nach Ilien[172] ergänzt durch d. V.

Betrachtet man das Lehrviereck unter Beachtung der Parson'schen *pattern variables* liegt es nahe, eine Haltung, welche sich an der „Schüler-Beziehung" und beruflichem Engagement orientiert, als affektiv-diffus zu charakterisieren, und die gegenüberliegende Seite des Vierecks, die der Reduktion auf Wissensvermittlung unter Verzicht auf jegliche Beziehung zu Schülerinnen und Schülern zugeschrieben ist, als affektiv-neutral und spezifisch zu beschreiben. Tendenziell kann unter Annahme

---

[171] Vgl. ebd.
[172] Ebd. S. 126.

entsprechender Zuordnungen auf Ebene der Wertorientierung die linke Seite des Vierecks als familiar orientiert und die rechte als gesellschaftlich orientiert beschrieben werden.

Nun ist ein Problem erkennbar, welches sich auch bei der Analyse der Figur Inge Lohmark zeigt: Wenn die Schule die Purifizierung gesellschaftlicher Normen ist, und die Lehrkraft als entsprechendes Vorbild für diese Werte steht, warum ist es dann augenscheinlich problematisch, wenn eine Lehrkraft nur unter Wahrung ihrer Vorbildfunktion agiert? Lohmark propagiert ja (zumindest äußerlich) das universalistisch-unpersönliche Leistungsprinzip in dem Maße, dass sie es sogar auf ihr Privatleben anwendet. Hier kommt die von Wernet formulierte pädagogische Permissivität zum Tragen. Während Schnabelstedt und Müller ihre affektiv-diffusen Tendenzen nicht als Ausnahme von der schulischen Norm erkennen, sondern als konstitutiv für ihre Berufsrolle wahrnehmen, lässt Lohmark keinerlei Ausnahmen zu. Sie verliert jegliche Menschlichkeit an ihre Funktion.

Beide schädigen damit der Anerkennung des universalistisch-unpersönlichen Leistungsprinzips – jedoch auf gegenteilige Art und Weise. Auf der einen Seite stehen Schnabelstedt und Müller, welche die institutionalisierte Struktur der Schule durch die Fokussierung der Lehrer-Schüler-Beziehung unterwandern und so eine universalistisch-unpersönliche Leistungsorientierung gar nicht erst erkennen lassen, auf der anderen Seite zeigt Lohmark ein abschreckendes, antisoziales Bild dieser Wertstruktur. Nach Wernet bestimmt pädagogische Permissivität die „lebenspraktische Gestalt [...], das spezifische Gesicht, das die unpersönliche Leistungsethik annehmen soll."[173] Lohmark gibt der unpersönlichen Leistungsethik eine entstellte Fratze zum Gesicht und wirkt der Akzeptanz dieser Werte damit ebenso entgegen, wie es Müller und Schnabelstedt tun. Die ‚Ausnahme', die sie im Umgang mit Erika macht, ist ein Ausdruck affektiver Tendenzen und folgt einem persönlichen Motiv. Indem Lohmark aus dieser Erfahrung den Schluss für sich zieht, künftig keine Ausnahmen mehr und nur noch „Dienst nach Vorschrift" (HdG 181) zu machen, hält sie an ihrem Konzept des gefühlskalten Vorbilds für die unpersönliche Leistungsgesellschaft fest.

---

[173] Wernet: Pädagogische Permissivität. S. 118.

Sowohl der Film als auch der Roman zeichnen ein negatives Bild von Lehrkräften. In dem Film wird durch Idealisierung der Lehrerfigur in Form der Verschmelzung von Müller und Schnabelstedt ein Weg aus dem vermeintlichen Irrweg des Bildungssystems aufgezeigt. Als Lösung wird eine Rückkehr zur familialen Wertstruktur präsentiert. Die Auflösung der Schule als Institution universalistisch-unpersönlicher Leistungsorientierung wird damit gefordert – ein Modell, welches strukturtheoretisch nicht haltbar ist. Gleichzeitig zeigt Schalansky, dass auch ein versteiftes Festhalten an der schulischen Wertstruktur problematisch ist. Ihre Figur Inge Lohmark beweist, dass ein striktes Vorbild des universalistisch-unpersönlichen Leistungsprinzips dem Ansehen dieser Werte ebenso schadet. Welche Schlüsse können hieraus gezogen werden?

Zunächst zeichnen die analysierten Lehrerfiguren negative Bilder des Lehrberufs und der Schule im Allgemeinen. Bei beiden Werken wird deutlich, dass der Lehrberuf spannungsreich ist, und dass verschiedene Strategien gefunden werden, um die Spannung zu lösen. Die Strategien zur Konfliktbewältigung könnten dabei nicht gegensätzlicher sein, als sie hier gezeigt werden. Und doch sind beide Strategien nicht erfolgversprechend. Dass beide Werke, welche unterschiedlicher kaum sein könnten, Konflikte der Lehrerrolle thematisieren, zeigt, dass ein Bewusstsein für die Schwierigkeiten des Lehrberufs in der Gesellschaft vorhanden ist.

Gleichzeitig führt die zweifelhafte und darüber hinaus meist negativ geprägte öffentliche Diskussion um Inhalt und Form der Lehrtätigkeit in einen Teufelskreis: Das Ansehen der Schule und ihrer Akteure wird nachhaltig geschädigt. Dies führt zu einer Schwächung der Amtsautorität von außen und gleichzeitig zu Identifikationsproblemen von Lehrkräften mit der eigenen Rolle, was zusätzlich zu einer Schwächung von innen führt. Die Schule befindet sich in einer Legitimationskrise. Diese wird von den Medien aufgegriffen und gleichzeitig verstärkt.

Die Frage ist nun, wie mit diesem Dilemma umgegangen werden soll. Muss die Gesellschaft über die strukturtheoretische Funktion der Schule aufgeklärt werden, damit die Schule zu neuem Ansehen gelangt? Dies scheint fraglich. Was der vorliegenden Arbeit aber entnommen werden und als bedeutend für die Legitimationsprobleme der Schule erkannt werden kann, ist das Unbehagen der Lehrkräfte mit der eigenen Funktion. Die untersuchten Figuren verorten ihre Aufgaben außerhalb ihrer strukturtheoretischen Funktion, teils bewusst, teils unbewusst. Hierin liegt der Ursprung des Dilemmas. Wie soll sich eine Institution behaupten können, deren Akteure ihre Funktion entweder gar nicht erkennen, wie es bei Müller und Schnabelstedt der Fall ist, oder aber diese unter falschen Vorwänden für sich selbst ausnutzen, wie es Lohmark tut? Es wird deutlich, wie wichtig es ist, dass gerade angehende Lehrkräfte um ihre strukturtheoretische Funktion wie um das Konfliktpotential eben dieser wissen. Lehrerinnen und Lehrer sollten sich mit ihrer Funktion und berufsspezifischen Aufgaben identifizieren, statt sie von sich zu weisen. Hierfür scheint eine Erkenntnis wichtig: Lehrerinnen und Lehrer sind strukturbedingt Vorbilder universalistisch-unpersönlicher Leistungsorientierung. Dies bedeutet aber eben nicht, dass sie frei von jeglicher Menschlichkeit diesen Wertstrukturen blind folgen müssen, sondern umgekehrt selbst durch ihr Handeln diese Leistungsethik prägen – indem sie durch pädagogische Permissivität, pädagogisch ermessene Ausnahmen von der Regel, die Normen bestätigen, statt sie unterwandern zu müssen.

5. Literaturverzeichnis

Quellen

Fack Ju Göhte. R. und Drehbuch: Bora Dagtekin. DE: Rat Pack Filmproduktion 2013. Fassung: DVD. Constantin Film Verleih GmbH 2013, 113 Min.

Schalansky, Judith: Der Hals der Giraffe. 4. Aufl. Berlin: Suhrkamp 2013.

Forschungsliteratur

Adorno, Theodor W.: Tabus über dem Lehrberuf. In: ders.: Gesammelte Schriften. 20 Bde. Hrsg. v. Rolf Tiedemann. Bd. 10.2: Kulturkritik und Gesellschaft II. Eingriffe, Stichworte, Anhang. Hrsg. v. ders. Frankfurt a. M.: Suhrkamp 1977. S. 656-673.

Bender, Theo, Hans Jürgen Wulff u. Kurt Denzer: Einstellung. In: Lexikon der Filmbegriffe. http://filmlexikon.uni-kiel.de/index.php?action=lexikon&tag=det&id=135 (15.01.2018).

Benner, Dietrich: Allgemeine Pädagogik. Eine systematisch-problemgeschichtliche Einführung in die Grundstruktur pädagogischen Denkens und Handelns. 2. verb. Aufl. Weinheim und München: Juventa-Verlag 1987.

Brackert, Helmut u. Jörn Stückrath: Literaturwissenschaft. Ein Grundkurs. 7., erw. und durchges. Aufl. Hamburg: Rohwolt Taschenbuch 2001 (=re 55523).

Brendenstein, Georg: Teilnahme am Unterricht. Ethmographische Studien zum Schülerjob. Wiesba-den: VS Verlag für Sozialwissenschaften 2006 (=Studien zur Schul- und Bildungsforschung 24).

Delhey, Yvonne: Was heißt Bildung des Individuums? Judith Schalanskys *Der Hals der Giraffe* (2011). In: Der Bildungsroman im literarischen Feld: Neue Perspektiven auf eine Gattung. Hrsg. v. Elisabeth Böhm u. Katrin Dennerlein. Berlin/Boston: De Gruyter 2016. S. 283-301.

Dreeben, Robert: Was wir in der Schule lernen. Übers. v. Thomas Lindquist. Mit einer Einleitung v. Helmut Fend. Frankfurt a. M.: Suhrkamp 1980 (=Suhrkamp Taschenbuch Wissenschaft 294).

Durkheim, Emile: Erziehung, Moral und Gesellschaft. Vorlesung an der Sorbonne 1902/1903. Mit einer Einl. v. Paul Fauconnet. Übers. v. Ludwig Schmidts. Frankfurt a. M.: Suhrkamp 1984 (=Suhrkamp Taschenbuch Wissenschaft 487).

Fend, Helmut: Gesellschaftliche Bedingungen schulischer Sozialisation. Soziologie der Schule I. Weinheim und Basel: Beltz 1974.

Fend, Helmut: Neue Theorie der Schule. Einführung in das Verstehen von Bildungssystemen. 2., durchges. Aufl. Wiesbaden: VS Verlag für Sozialwissenschaften 2008.

Freud, Sigmund: Vorlesungen zur Einführung in die Psychoanalyse. Hamburg: Nikol 2010.

Gudjons, Herbert: Pädagogisches Grundwissen. Überblick – Kompendium – Studienbuch. 6. durchges. u. ergänzte Aufl. Bad Heilbrunn: Klinkhardt 1999.

Hentig, Hartmut von: Die Schule neu denken. Eine Übung in pädagogischer Vernunft. Erweiterte Neuausgabe. Weinheim u. a.: Beltz 2003 (= Beltz Taschenbuch. Bd. 119 Essay).

Hillmann, Karl-Heinz: Institution. In: Wörterbuch der Soziologie. Hrsg. v. ders. 4. Aufl. Stuttgart: Kröner 1994.

Ilien, Albert: Grundwissen Lehrerberuf. Eine kulturkritische Einführung. Wiesbaden: VS Verlag für Sozialwissenschaften 2009.

Koch, Lutz: Allgemeine Theorie des Lehrens. Ein Abriss. In: Philosophie des Lehrens. Hrsg. v. Hans-Christoph Koller, Roland Reichenbach u. Norbert Ricken. Paderborn: Schöningh 2012. S. 15-30.

Lenhardt, Gero: Schule und bürokratische Rationalität. Frankfurt a.M.: Suhrkamp 1984 (=Suhrkamp Taschenbuch Wissenschaft 466).

Nestler, Franz: Naina-Debatte: Wie ein Tweet eine Bildungsdebatte auslösen konnte. In: Frankfurter Allgemeine Zeitung (16.01.2015). http://www.faz.net/aktuell/wirtschaft/netzwirtschaft/naina-debatte-wie-ein-tweet-eine-bildungsdebatte-ausloesen-konnte-13372015.html (05.01.2018).

Paris, Rainer: Der Wille des Einen ist das Tun des Anderen. Aufsätze zur Machttheorie. Weilerswist: Velbrück Wissenschaft 2015.

Parsons, Talcott u. Robert Freed Bales: Family Structure and the Socialization of the Child. In: Family, Socialization and Interaction Process. Hrsg. v. dens. London: Routledge & Kegan Paul 1956. S. 35-132.

Parsons, Talcott: The School Class as a Social System: Some of Its Functions in American Society. In: Social Structure and Personality. Hrsg. v. ders. London: Free Press of Glencoe 1964. S. 129-154.

Rademacher, Sandra: Der Schulanfang im deutsch-amerikanischen Vergleich – Differenzen im beruflichen Habitus von Lehrern. In: Pädagogische Korrespondenz 19 (2006) H. 35, S. 39-51.

Wenzl, Thomas: Elementarstrukturen unterrichtlicher Interaktion. Zum Vermittlungszusammenhang von Sozialisation und Bildung im schulischen Unterricht. Wiesbaden: Springer VS 2014 (= Rekonstruktive Bildungsforschung 3).

Wernet, Andreas: Pädagogische Permissivität. Schulische Sozialisation und pädagogisches Handeln jenseits der Professionalisierungsfrage. Obladen: Leske + Budrich 2003.

Wimmer, Michael: Autorität als soziokulturelle Bedingung des Aufwachsens. In: Gesellschaftliche Bedingungen von Bildung und Erziehung. Eine Einführung. Hrsg. v. Andrea Liesner u. Ingrid Lohmann. Stuttgart: Kohlhammer 2010 (=Pädagogik/Erziehungswissenschaft 638). S. 314-326.

Wulff, Hans Jürgen: Sequenz und Szene. In: Lexikon der Filmbegriffe. http://filmlexikon.uni-kiel.de/index.php?action=lexikon&tag=det&id=332 (15.01.2018).

Wulff, Hans Jürgen: Szene. In: Lexikon der Filmbegriffe. http://filmlexikon.uni-kiel.de/index.php?action=lexikon&tag=det&id=1501 (15.01.2018).

ibidem.eu

www.ingramcontent.com/pod-product-compliance
Lightning Source LLC
Chambersburg PA
CBHW070738230426
43669CB00014B/2489